田中角栄と中曽根康弘

戦後保守が裁く安倍政治

早野透
Hayano Toru
松田喬和
Matsuda Takakazu

毎日新聞出版

田中角栄と中曽根康弘

戦後保守が裁く安倍政治

まえがき

田中角栄と中曽根康弘。この本は、ふたりの政治家をふたりの新聞記者が語り合ったものである。

田中角栄はちょびヒゲで愛嬌もあって「角サン」と呼びならわされた。

中曽根康弘はなにしろ海軍士官だったから、背筋を伸ばし颯爽としていた。新聞記者は彼を語るとき、「ナカソネ」と呼び捨てにした。

ふたりは同じ一九一八年五月生まれ、戦争の時代を経て、ともに一九四七年四月の衆院選挙で当選、田中角栄は一九九〇年まで、中曽根康弘は二〇〇三年まで、衆院議員を務めた。角サンは当選一六回、ナカソネは当選二〇回を数えた。ともに、総理大臣として、それぞれの時代を築いた。

ふたりの記者、早野透と松田喬和は、ともに一九四五年、敗戦の年の生まれである。早野は朝日新聞、松田は毎日新聞、それぞれ地方勤務のあと、同じ一九七四年に東京の政治部員に任ぜられた。時は田中角栄内閣、ともに、いわゆる「総理番」の記者として「角サン」にまつわりついた。誰と会ってどんな話をしたか、政局不穏になれば早朝から深夜まで「角サン」を見張ったから、早野と松田は、お互い、社の同僚よりも、家族よりも、一緒にすごした時間が多かった。

その後、何年かして、ふたりはそれぞれの社の自民党の派閥担当記者になる。早野は田中角栄を、松田は中曽根康弘の「番」を割り当てられ、権力闘争の深奥に迫るべく、それぞれ綱渡りしながら、ふたりの政治家への接近戦を試みる。それぞれの新聞で往時の権力の実像を伝えるべく、力の限りを尽くしたという自負心はある。

そんなふたりの記者がそろそろ老境にさしかかって、それぞれ思いを蘇らせて「あのころの政治」を振り返ったのが本書の対談である。角サンは「ヨッ」と手を挙げて、俺たちに声をかけてきたな、陽気で気さくだけど、後にロッキード事件が発覚して、政治に裏の裏があることを知る。そのあたりのこと、「角サン」をじかに知るわれわれが言い残しておかなければならない。

わたしが新聞記者から大学の先生に転身するとき、中曽根さんにあいさつに行ったら、「政治記者は、死ぬまで、骨の髄まで、政治記者だからな」と言ってニヤリと笑った。どうも見透かされていたような気もするけれど、中曽根さんは一〇〇歳近くになってなお健在。中曽根さんこそ死ぬまで政治家、きっとあれこれ、今の日本政治に感ずるところがあるのではないか。

田中角栄と中曽根康弘は、戦後日本政治を代表するふたりである。というわけで、早野と松田が、いわばふたりになりかわって、「あのころの政治」と対比しつつ、今の日本政治の問題点を語りあおうというわけである。

それは、あるいは希望であり、あるいは憂慮であるかもしれない、むろん、日本政治のよき未来を、ふたりは願っている。

わたしたちふたりは、政治記者という一生を賭けた仕事を、誇りとけじめを持って続けてきたつもりである。それにしても、読者諸賢、この対談をお読みくださって、「番記者」という政治記者のありよう、その臭みに顔をしかめるところがあるかもしれない。しかし、そこはあえて隠さずに率直に語った。

ご批判を乞う次第である。

二〇一六年一〇月三一日　　早野透

目次

まえがき 2

第一章 今、なぜ角栄が待望されるのか 11

角栄の番記者として――早野と松田の出会い 12
「人間には避けられない『魔』がある」――最後の番懇 16
今ごろなぜ、角栄ブームが？ 20
「安倍自民はとびきり異常である」 24
『天才』で終わった凡人、石原慎太郎 28

第二章 永遠のライバル、角栄と中曽根の戦後保守論 33

高等小卒と帝大卒――対照的な経歴 34
「若き血の叫び」――戦後民主主義から生まれた角栄 39

過激な赤旗と戦う白馬――誇り高きエリート、中曽根 42
講和に賛成、安保には―― 45
「首相と恋人は自分で選べるよう」――首相公選論と天皇観 50
角栄の「親・吉田」と中曽根の「反・吉田」 54
角栄のガソリン、中曽根の原子力 59
角栄の「テレビ時代」、中曽根の「テレビ政治」 65
特定郵便局二万局――角栄の生活民主主義 68
蔵相抜擢は「自民党のヌーベルバーグ」 71
中曽根「風見鶏」のはじまり 74

第三章 「国士」の角栄、「国家」の中曽根

79
「防衛を知らなければリーダーになれない」――総理の条件 80
スジより金で解決した日米繊維交渉 82
「戦術」の角栄、「戦略」の中曽根 85
中曽根が福田ではなく角栄を支持した理由 88
日中国交正常化の裏側――竹入メモと池田大作の確執 92

「角サンはイヤイヤやったんだ」 96
ロッキード事件の萌芽 99
周恩来の前で熟睡 101
日本列島改造論 vs. 日本改革論 106

第四章 田中内閣の落日――ロッキード事件の「点」と「線」

オイルショック――角栄と中曽根の「親アラブ」 112
オイルショックの遺産、原発をめぐって 116
『文春』の「ぶ」の字に「なにいっ!」――金権と女性問題 122
椎名裁定の波紋――男を下げた大平 129
ロッキード事件――角栄と小佐野、中曽根と児玉の本当の仲 132
トイレで「佐藤昭は捕まったのか」――角栄逮捕の日 136
中曽根が言質を示したロッキード「陰謀論」 139
辞職勧告――中曽根の「涙」と手紙 145
大平内閣の誕生と〝裏支配〟の始まり 150
「ゾウに乗った」中曽根と角栄の「政治死」 154

第五章　「田中曽根内閣」の誕生と自立

「ハプニング解散」と中曽根の〝雲隠れ〟　160
「大平さん、死んだぞ」　162
「幕が開かないまま芝居は終わっていた」――最大の挫折　165
総・総分離、〝おんぼろ神輿〟――中曽根政権、波乱の船出　168
角栄のすごさは「総理になるまで」、中曽根は「総理になってから」　171
必ずレーガンの隣に立つ――世界政治家への志向　175
「反米」との折り合いをつけたロン・ヤス関係　179
リーダーの条件は「哲学書」と「肥溜」だ　182
「田中氏の政治的影響を一切排除する」――角栄からの自立　184
〝恨み節〟としての「戦後政治の総決算」　189
「消えた同日選」と「死んだふり」解散　193

第六章　戦後保守の可能性

159
199

「中曽根さん、あなたは恐ろしい人です」――アンチテーゼとしての土井たか子　200
中曽根 vs. 土井の「時事放談」　204
中曽根政権の「ゴミ掃除」をした竹下登　206
小沢一郎の暗躍と角栄の死　210
田中派の系譜「経世会」の復活　216
「異端」の角栄、中曽根と「正統」の安倍　219
角栄と中曽根を清算した〝テロリスト〟小泉　224
総理の「原型」としての角栄、中曽根　228
分配から分担へ――新しい「公共」　232

あとがき　238

田中角栄、中曽根康弘　略年譜　242

ブックデザイン　鈴木成一デザイン室

カバー写真　『毎日新聞』より
1978年9月21日、東京・ホテルオークラで開かれた
「山口淑子議員を励ます会」で親しげに話す角栄と中曽根

第一章 今、なぜ角栄が待望されるのか

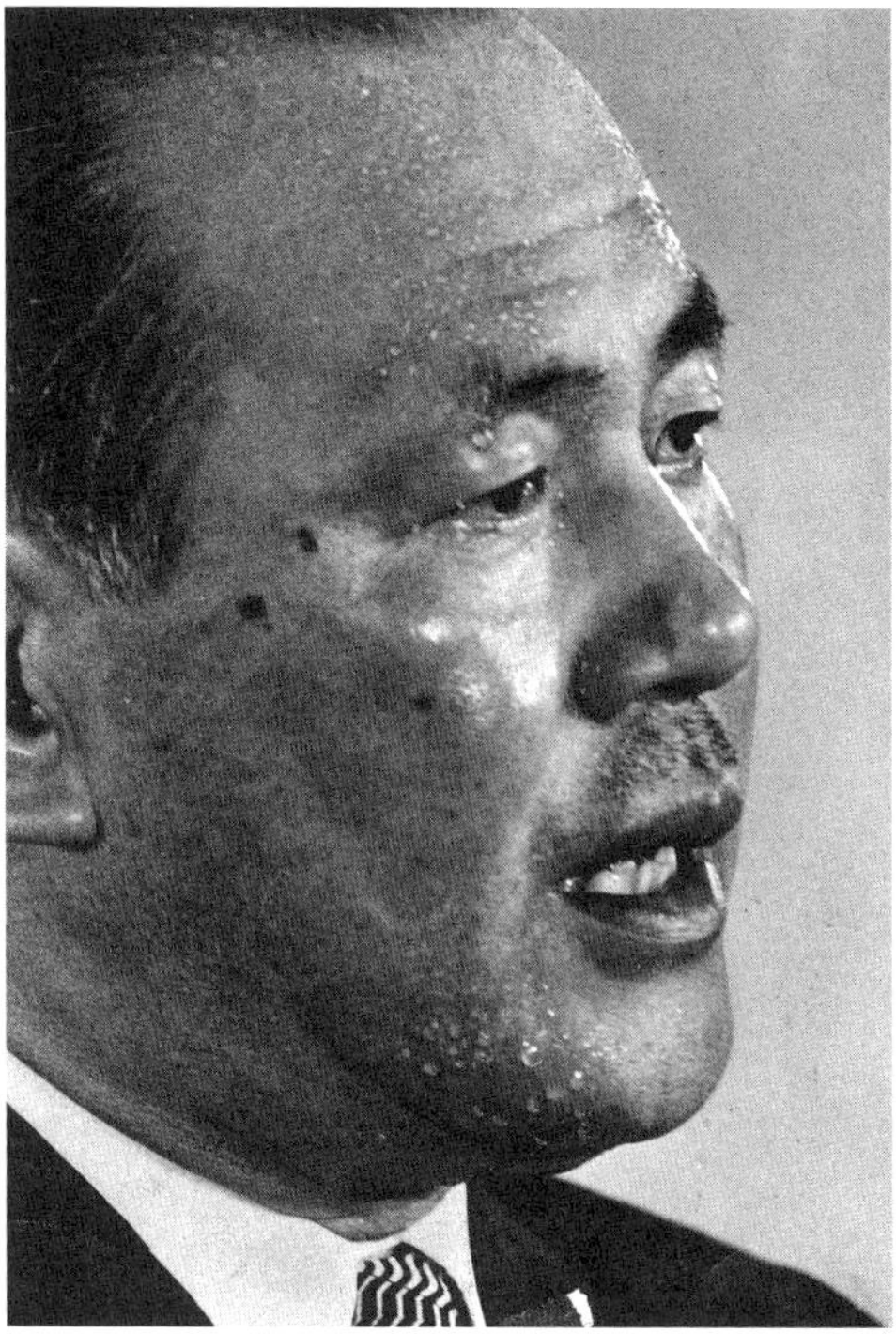

自民党総裁選の結果を待つ角栄。汗かきでも知られた（1972年7月5日）

角栄の番記者として——早野と松田の出会い

早野　一九九三年に田中角栄が亡くなって、もう二三年になるんだね。僕が朝日新聞社の記者として角栄番になったのが七四年。田中内閣最後の年だった。松ちゃんと呼ぶべきか、松田さんと呼ぶべきか、あなたに会ったのは、その角栄総理番のときだったね。

松田　そう。大きな新聞社はだいたい新人をまず地方支局に配属する。そこで三〜五年、あらゆることを学んでこいと言われる。それから一年間、毎日新聞東京本社社会部で警察を担当した後、政治部に異動になって、最初に総理番をやる。そのときにバッタリ、早野さんに会ったわけです。

早野　で、僕のほうは角栄が退陣し、さらにはロッキード事件を経てなお政治的実権をふるうのを、八五年に病に倒れるまで取材した。ロッキード事件のころは、目白台の田中邸に日参したものだよ。ただ、病気になって以降は自宅に閉じこもっていて、会うことはかなわなかった。眞紀子さんが守っているものだから。

一方、松田さんは途中で中曽根（康弘）派担当になった。でも、いろんな場面で一緒に取材したなぁ。

松田　思えば四〇年以上の付き合いか。それにしても早野さんは政治部で活躍した後、わざわざ角栄の故郷、新潟支局を希望して赴任している。朝日新聞社でも珍しい経歴を持つ記者だよね。

早野　そう、ずっと角栄をウォッチしてきました。松田さんだって、ずっと「中曽根番」みたいなものじゃない。今もお元気で？

松田　それはもう、九八歳とは思えないほど。七月の参院選については「五五年体制の終焉で革新は消えた上に、今回は改革も争点になっていない」と鋭い〝現代政治批判〟をしていた。今でも、はっとさせられます。

早野　なるほど。

松田　だけど角栄総理番の時代は、早野さんが非常に仕事熱心で、夜遅くなってもなかなか帰らなくて参ったよ。うちのデスクが電話してきて、「まだ残っているのはどこの記者だ？」「朝日新聞です」「じゃあ、君もそこにいろ」という感じで、一緒に居残りをしてたね。

早野　田中邸にあった、あの番小屋でね。大きな木の下の門をくぐって、玉砂利を敷いた道をずっと行くと、左側に建っていた。プレハブみたいな建物で。

松田　あれ、角サン自身が設計したんだよ。もともとは田中邸を訪れるお客さんが乗ってきた車の運転手が待機する場所としてつくられた。それを総理就任後に、番記者用の番小屋に転用した。入ると小会議室くらいの板の間や畳の間があって、そこに長〜いテーブルが置かれていてね。各社、固定電話をひいて、情報のやり取りをしていた。

早野　ふつう、政治家は議員会館や自分の事務所で、人と面会したり、いろんな陳情を受けたりするものだったが、角サンは自宅を事務所に使っていたね。地元の新潟三区から上京してきた人たちなどは、ここをたまり場にしていた。角栄に会って、「ダムを造ってくれ」「道路を通してくれ」などと陳情し、ついでに観光バスで東京見物をする、なんてこともあったな。

僕らの場合は、とにかく角サンが寝るまで見張ってろ、というね。一日に一二時間は詰めていた記憶がある。「寝た」って連絡はあったんだっけ？

松田 共同（通信社）と時事（通信社）が聞きに行って、「寝ました」と教えてくれるんだけど、早野さんは疑り深いから、その言葉通りには受け取らず、帰らない。

早野 深夜に誰が来るか、わかんないからな。「寝た」って情報を鵜呑みにすると、裏をかかれないとも限らない。実際、田中内閣下で自民党副総裁だった椎名悦三郎がひょっこりやって来たこともある。いつ、誰が来るか予想もつかないから、とにかく見張ってなきゃならなかったんだ。

松田 そういえば、時の自民党幹事長だった田中六助が宅配便のトラックに乗って、配達員を装い田中邸に潜り込んだことがあった。それも、ロッキード事件で有罪判決を受けた角栄に、中曽根が辞任を求めているというんで、自ら乗り出し、角サンに「辞任してくれ」って談判するために。

早野 田中六助は元『日経』の新聞記者だったから、何でもやる。でも、角栄は六助のことを、そんなに嫌いじゃなかったよね？

松田　そう。「辞めろ」って言いに来たのに、会ったんだから。敵対する人間をも受け入れる、そういうところが角栄らしい。六助のほうにも、それだけ愛嬌があったんでしょう。
　当時の新聞記者は政治家とフェース・トゥ・フェースで話を聞くのが基本だった。自分の得た情報が正しいかどうか、顔を突き合わせて反応を見ないことには、確信が持てないからね。今の記者はそのへんがちょっと物足りない。ろくすっぽ顔を合わせずに、会見ですませちゃったり、ひどい場合はテレビのニュースを参考にしたり。

早野　そうだ、松ちゃんは「政治記者の原点は番記者だ」というのが持論で、けっこう最近になって、改めて志願して番記者をやったんだったね。

松田　民主党政権ができた七年ほど前に、時の局次長に「松田さん、番記者にもっと大物を出したほうがいいって、いつも言ってますよね。出てくれますか?」と言われて。

早野　それは、松田さんの勲章だよ。若い政治記者は総理番になると、まるで自分が権力の側近になったように思い上がってしまいがち。そこを戒めるというね。

松田　ちょっと蛇足になるけど、僕らはよく「社会部は名詞を取ってこい。政治部は語尾を取ってこい」と教えられた。「名詞」というのは、「いつ、どこで、誰が」という名詞のこと。「語尾」は、たとえば「だ」と断定しているのか、「だろう」という推測なのかなど、相手の表情を見ながら、その語尾にどんなニュアンスが込められているかを見抜くことを意味する。
　今の政治記者はパソコンを持って、相手の表情も見ずに質問するんだよ。政治家もよく、

「こっちの顔も見ず、メモもしないで、よく記事が書けるねぇ」って皮肉を言うくらいだ。

早野　今の情報って、おしなべてそうなんだよ。歩きながら、目も合わせないで質問し、スマホで録音してね。僕らのころはパソコンもスマホもないから、手書きのメモ帳でさ。いや、顔を見ていたら、メモする暇もないから、だいたいは暗記だな。

松田　うん、暗記、暗記。今の記者みたいに、わずかなメモを記者同士が見せっこする〝メモ合わせ〟のようなこともしなかった。メシをおごってくれたら、暗記した情報をちょっと教えてあげるくらいのことはしたけど。

早野　松田さんが言うように、まさに「語尾をどう取るかが勝負」だった、ということを思い出した。

「人間には避けられない『魔』がある」——最後の番懇

松田　角栄が首相退陣時に最後の番懇（番記者との懇談会）をやってくれたときのことは忘れられない。「総理、最後の番懇をしてくれませんか」と、我々ぺぇぺぇの記者が角栄にお願いしたんだ。早野さん、覚えてる？

早野　もちろん。背広姿に下駄はいて出てきてくれたんだよ、角サン。無念の退陣で、失意のどん底にあったと思うけど……やっぱり磊落《らいらく》だね。そのときに「あれ（月刊『文藝春秋』が暴いた金権と女性スキャンダル）は、魔が差したんだ。人間には避けられない

『魔』というものがあるんだ」と言っていたっけ。

松田　「君たちは見習い将校だ。新聞記者の中ではエリートの要素を持っているかもしれないが、魔が差すことはあるから」と、言葉を重ねて。

早野　自分の政権は盤石だと思っていたわけで、感慨深いものがあったんだろう。「魔」という表現には、〝運命のいたずら〟というようなニュアンスも含まれていたと思う。僕らには「まぁ、気をつけろよ、頑張れよ」と言ってくれたんだったね。

松田　僕はあの日、角栄が国会に行く前に「お母さんに連絡しましたか？」と聞いた。そしたら「電話で連絡した」と、天を仰ぐように上を向いた。で、涙をこぼすでもなく、ポツリ「母はやっぱり母だな」と。今でも鮮明に覚えている。

早野　そう言ったね。角サンは涙がこみ上げそうになると、いつも上を向いて語るんだ。ロッキード事件で有罪判決を受けた後に、「中曽根が議員辞職を促そうとしている」という噂が伝わってきたときもそうだった。上を向いて弱気な言葉を吐いていたよ。

松田　思わず人をホロリとさせることを言う。そこがまた角サンらしいところだね。

早野　角栄には家族思いの一面もあったからね。『文春』のルポにしても心情的には、立花隆の「田中角栄研究──その金脈と人脈」よりも、児玉隆也の「淋しき越山会の女王」のほうが痛かったんじゃないだろうか。

政治家にとって、金のやりくりは当然あるわけで、そう痛くもない。でも、後援会・越山会の金庫番だった佐藤昭の娘が角栄の子だと暴かれたのはつらかったと思う。本妻との間には娘の眞紀子もいるし、神楽坂には芸者をしていた辻和子とのもう一つの家庭があったし、「まずいな」という感じだっただろう。金より女性のほうが響くからな。

角栄が佐藤昭と出会ったのは、一九四六年に最初の衆議院選挙に打って出て、地元柏崎で選挙運動に走り回っていたとき。辻和子とも同じころに知り合った。「淋しき越山会の女王」が出るまでの約三〇年、辻は昭の存在を知らなかったそうだ。それが本当だとしたら、ずいぶん長い間、本宅と二人の愛人の間に混乱を生じさせないよう、かなり苦心して立ち回っていたんだろうね。

夫と妻、代議士と秘書、花柳界の旦那と芸妓——三つの〝顔〟を持つ角栄だけに、「女は砥石《といし》である」と言ったあの言葉には実感がこもっている。この言葉は「角栄にとっての女性の存在」について聞いたときに、角栄がしみじみと語ったもの。僕は、「男は『女の苦労』によって、精魂をすり減らしつつ人間が磨かれていく」ということだと理解したんだけどね。

もっとも、僕ら新聞記者の取材は女性関係をほじくり返すことはなかったな。

松田　まぁ、歴代首相をはじめ政治家というのは、だいたいが女性問題に関しては、〝叩けば埃の出る体〟だよね。僕らは「当然ある」ものとして、あえて触れなかったものだ。

昔の政治家は愛人がいるとか、妾宅を持っているといったことを公言していたものだが、角栄のころからじゃないかな、表向きは「いない」と言うようになったのは。そのころになってもまだ依然として「いる」と胸を張っていたのは、春日一幸（第三代民社党委員長）くらいなものだよ。

早野　ところで、僕は「最後の番懇」があったあの夜、天ぷら屋でしみじみ飲んだな。当時、朝日の官邸キャップで、後に政治部長から社長になった松下宗之さんと一緒だった。彼が「角栄は『飢餓海峡』だったな」と言ったことをよく覚えている。

松田　水上勉の小説の？

早野　そうそう、映画化されて、主人公の犬飼多吉を三國連太郎、彼と一夜をともにした青森の芸者の杉戸八重を左幸子が演じた。刑事が伴淳三郎と高倉健で。舞台は主に北海道と青森、そして本州と北海道を結ぶ津軽海峡。犬飼は質屋の主人から強奪した金を八重に渡し、後に事業家として大成する。ただ強盗の後、逃亡したときに仲間を殺していて……ってまぁ、ストーリーは別にして、戦後を必死に生き抜いた世代にとっては身につまされる物語だ。

松田　ほとんどの日本人が何もかも失って、貧困に苦しんでいたなぁ。

早野　松下さんは多分、底辺から這い上がって成功したが、最後は殺人の罪に問われて青函連絡船から津軽海峡の海に身投げした犬飼の悲惨な側面を、角栄の人生に重ね合わせたんだろう。もっとも角栄自身は、スキャンダルにまみれながらも政治家としての命を絶たれるどころか、その後も大きな金を扱い続けて、たくましく生き延びたんだけど。

松田　とはいえ、あのときはかなり弱ってたよ。少し前には顔面神経痛になったし……。

早野　ああ、そうだった。関東逓信病院に通っていたね。精神的にかなりくたびれていたんだろう。

松田　「寒風に当たったから」とも言っていたけど、やっぱり精神的なダメージだよね。それに、退陣を発表した前後のころは早々に砂防会館に引き揚げて、酩酊して出てくる日も多かったし。「肩を貸してくれ」って言われたこともある。

早野　事務所で飲んじゃうんだもん。だいたいオールドパーだったね。でも、僕は「肩を貸してくれ」と言われたことはない。自分では側近のつもりでいたんだけど、松田さんのほうが……。

松田　早野さん、でかいから。背丈が合わなかっただけだよ（笑）。

今ごろなぜ、角栄ブームが？

早野　それにしても、最近の角栄ブームは何なんだろう？

松田　一言で言えば、時代が角栄を求めている。二〇一四年に実施されたＮＨＫの「戦後七〇年に関する意識調査」によると、「戦後を象徴する人物」のトップが、二〇～六〇代では田中角栄、七〇～八〇代は吉田茂となっている。

早野　二〇代、三〇代はリアルタイムで角サンのことを知らないのに？　面白いね。そういうことが重なっての角栄ブームか。

現象面で言えば、本屋には新刊のいわゆる「角栄本」がいっぱい並んでいる。ただ、角栄の政治的な手腕とか失敗を検証するというより、「語録」みたいなものがずいぶん多い。たとえば〈用件は便箋一枚に大きな字で書け〉とか、〈初めに結論を言え〉〈理由は三つまでだ。この世に三つでまとめきれない大事はない〉〈できることはやる。できないことはやらない。でも、すべての責任はわしが負う、以上！〉といったビジネス書のようなものがある。

かと思うと、〈どんなところに嫁に行っても苦労はするものだ。大きい家では大きいように。小さい家では小さいように。どうせ苦労をするのであれば、やりがいのある苦労をしなさい〉〈人の悪口は言わないほうがいい。言いたければ便所で一人で言え。自分が悪口を言われたときは気にするな〉など、生き方を教えてくれるような言葉も紹介されている。

こういう本はこういう本で面白いんだけど。常に、「角栄は悪いこともいっぱいやったけど」っていうことが〝枕詞〟のように書かれていてね。人々への温かさとか家族思いなところと、社会の底辺から這い上がっていくなかで培われた力が、角栄の政治精神をつくっている……まぁ、誉め過ぎだけど、今の人はそこに「学ぶべきこと」を見出しているような気がするね。

松田　角栄の仕事術や生き方に学ぶという意味では、背景に格差社会があるように思う。今の社会が閉塞状態にあるなかで、角栄は学歴なくして、閨閥なくして総理大臣にまで上り詰めた。それを成し遂げた智恵や直観力、合理的な考えを学びたいという。

今の社会のリーダーに欠落している部分を、あらゆるところでカバーして余りある能力を、角栄は持っていたということでしょう。

あと、いわゆる〝ガラスの天井〟を突き破った男に対する、ある種の憧れもあるよね。共鳴する部分も大きいんじゃないかと思う。

早野　それはある。今よりもっと学歴社会の色彩が濃く、明治時代から引きずってきた門閥制度みたいなものがまだ幅をきかせていた時代に、新潟の貧しい農家に生まれて、高等小学校しか出ていない角栄が一躍のし上がった。そのサクセスストーリーが、「非正規雇用の人が四〇％」なんてひどい時代になったからこそ、より輝きを増すわけだ。

加えて、角栄はもともと起業家だからね。「共栄建築事務所」の看板を掲げて独立したのが一九歳で、終戦二年前にはこれを「田中土建工業株式会社」に組織変更している。大いに儲けもした。体で覚えたビジネスのノウハウやスキルが政治家になって以降も生かされているから、ビジネスマンとしては学べることが多いだろう。

松田　しかも、角栄の言葉や行動は一つ一つが合理的なうえ、庶民性や人情味が感じられるでしょう？

早野　そこだよ。「語録」の中でも〈生鮨なんてのはダメだ。きれいなだけで誰も食わない。それよりいなり鮨を出せ。それから、ブリと大根の煮たやつだ。あれはみんな食べるはずだ〉なんて言葉が紹介されている。

これを読んで僕は、角栄の母親フメさんのお葬式を取材したときのことを思い出した。

子分の議員たちがぞろぞろ集まってきて、何を御馳走するかというときに、角さんが「そりゃあ、いなり鮨だ」と言ったんだ。生鮨はすぐに干からびちゃうが、いなり鮨はいつまでもふっくら、しっとりしてるって。それから、日本海で獲れる大ぶりのイワシを、裏庭にコンロを並べて焼いて客に出した。

考えてみると、そういう庶民的で温かな角サンが、角栄を知らない世代にも追憶されているんだろうね。「情」があって、東京に来てからも自分自身は都市化せず、新潟という日本の田舎の風土を色濃く持っていた。そこに、今なお衰えない魅力の一つがあるように思うね。

松田　僕も同じ考えだ。今は「角栄＝金権政治家」のようなイメージがあるけど、人間関係をつくるうえで金権だけではなく、人情味があって、その二つを潤滑油にしていた。しかも、直観力、合理性を持っていた。そういうリーダーは、今の社会にはいないと言っていい。

そんな角栄に比べれば、今の政治家はちょっと冷たい。

早野　時代が違うから冷たくならざるを得ない面はあるものの、それにしても冷たい。安倍政権ももう四年になるけど、角栄の政治にあったような国民に対する温かさは感じられない。「一億総活躍社会の実現」なんて、号令だけは勇ましいが、親身に応援しているとは思えないな。

この間、テレビを見ていたら、非正規雇用の夫婦が、けなげに頑張って子育てしている様子が報道されていた。そんな社会に生きていると、角栄の時代の政治的雰囲気と比較して、「今、角栄がいれば」という気持ちにもなるよ。

松田　格差は容認し難いんだけど、どうやったら打ち破れるかを考えたときに角栄の人生を追尾してみると、自ら格差を打ち破った稀有な存在への憧れが生まれる。やっぱり格差社会の裏返しが角栄ブームなんじゃないかな。もっとも格差が当たり前になってくると、「格差があるからこそエネルギーになる」という発想も出てくる。

早野　そんな発想、あるかなぁ。

松田　あるよ、アメリカン・ドリーム的なね。

早野　なるほど、言われてみればあっても不思議はない。

「安倍自民はとびきり異常である」

早野　そう言えば、共産党の前中央委員会議長の不破哲三が、先の野党共闘で注目された参院選の応援演説で面白いことを言っていた。共産党のドンが民進党の女性候補を応援するなんて構図は、かつては考えられなかったでしょ？　そこを踏まえて、「もう安倍政権には任せられない」と野党共闘の必要性を論じた後に、こう演説した。

「昔の自民党と今の安倍自民は違う。安倍政権はこれまでの自民党の流れで言っても、とびきり異常である。昔の自民党はいわば保守連合で、党内にいろんな意見があった。野党が彼らの弱点をつくと、認めて訂正するゆとりがあった。今、安倍さんの自民党は一色で、ゆとりも幅もなくなった」

僕はちょっと「おや」と思って、不破に電話してどういうことなのか聞いてみた。すると、角栄を例にとって、嚙み砕いて話してくれた。たとえばアメリカの原潜（原子力潜水艦）が寄港するときに、不破は「データに捏造がある」と追及した。角栄は「それはいかん」と言って、即座に一八〇日間、入港をストップさせたという。

またオイルショックの便乗値上げで、業者の売り惜しみが横行したとき、不破は政府の価格調査官がさぼっていて、まったく調べていないことを暴いた。アメリカはわいわい言ったが、このときも角栄はすぐに動いて、一週間後には専任調査官七五名を任命したと。

それで、不破は「国会で質問していて、一番面白いのは田中角栄だった」と振り返っている。官僚を通さずに自分で仕切る実力を感じさせた、ということだね。

野党のエースとも称すべき不破にして、角栄もしくはその時代の自民党を評価しているというのは興味深い。

松田 小泉純一郎のころからかな。野党が何と言おうと、総理は「柳に風」と受け流す傾向が強くなってきた。

今の安倍だって、「アベノミクスは失敗していない。消費税は先送りしない」と言っておきながら、平気で「新しい判断」と言って増税を先送りした。野党をはぐらかすばかりだ。不破の気持ちはわかるね。

早野　角栄的発想が過去のものになっている感がある。昔は共同体の中で頑張ってきたが、今は「明日、クビを斬られるかもしれない」というような時代の中で、個人がバラバラで必死になって生きている。中曽根、小泉、安倍と政権が続く中で社会がギスギスして冷たくなってきた部分がある。そういう時代だからこそ、少しでも良きものを発見しようとすれば、角栄のつくろうとした温かい社会への郷愁が出てくる。角栄がそこから利権を横取りしていたとしても、だ。

松田　中曽根と小泉と安倍を同一視することには同意できないけれど。ただ、時代的にはもう「戦争と平和」というダイナミズムがなくなった。それにつれて、政治家のダイナミクスさもなくなってきたように思う。日本人全体に言えることだけど。

早野　しかし、それ自体はいいことかもしれない。戦争がない、というのはね。

一九九三年に角栄が亡くなる前、時代が入れ替わるように細川護熙《もりひろ》内閣という非自民政権ができた。でも、その後、自民党は社会党の委員長である村山富市を担いで政権を取り戻し、その後は橋本龍太郎とか小渕恵三などを経て小泉政権が誕生する。このあたりから、日本の社会が変質していったように思う。

中曽根がやった国鉄民営化を端緒に、小泉の郵政民営化につながっていく、ある種の社会原理のチェンジのようなものが起こって、「自己責任」ということが盛んに言われるようになってね。

そこが、角栄と中曽根の大きな違いでもある。角栄が「みんな、一緒にやっていこうや」という共同体や共生思想であるのに対し、中曽根は……。

松田 中曽根政権時代は高度経済成長が終わって、分配する原資が自動的に入ってこなくなった。行政改革が政治のメインテーマになったからね。成長のためのパイが小さくなったために、行政をスリム化する必要が生じたでしょ。それで、既存の秩序体系を少し動かしたり、規制緩和したりした。

中でも後の政治に重大な影響を与えたのは国鉄の分割、民営化だよ。五五年体制を支える一方の社会党の支柱は総評（日本労働組合総評議会）で、その中核が国労（国鉄労働組合）だった。ところが分割、民営化で国労の力が衰退し、代わって労働センターとしての連合（日本労働組合総連合会）が生まれた。後に社会党は自民党との連立で、村山（富市）政権を誕生させて、社会民主党と党名を変えたけど、党勢は回復に至らず、弱小政党の域を出ていない。

つまり、中曽根行革は五五年体制崩壊の端緒をつくったといえる。中曽根は自分の著書『自省録』（新潮社）の中で〈戦後の労働運動の一大転換点〉と位置づけている。それからは基本的に「自由競争」「自己責任」がキーワードになっていったんだよね。

中曽根自身のキャラクターもどちらかと言うと合理的でクールだけど、社会も冷たくなっていった、ということだと思う。だから、安倍も防衛や憲法を含めて〝中曽根的なるもの〟を意識している。〝角栄的なるもの〟は意識すらできないんだろう。

早野 その視点からも、「今、角サンがいれば」という風潮が生まれたと言えそうだね。

『天才』で終わった凡人、石原慎太郎

早野　角栄ブームと言えば、石原慎太郎の『天才』（幻冬舎）がすごく売れているそうだね。

松田　帯には「九〇万部突破」とある。角栄の生涯を一人称で綴った小説ですよ。字が大きくて、行間も広く、余白もたっぷり取っていてね。読み応えはないよ。

早野　それでも、ある意味で、今回の角栄ブームを牽引している？

松田　そういう部分はあるけど、中身は知っていることばかりで、新鮮味はない。『天才』というタイトル自体、今さら言うまでもないことだし。

早野　今の日本は角栄が『日本列島改造論』（日刊工業新聞社）で描いてみせた通りの構図になっていること一つとっても、天才であることは周知されていると言っていい。日本中に工業団地をつくっていくとか、高速道路や新幹線を全国に張り巡らす、本四架橋を三つつくる、といったプランを、あの時代に構想したのはすごい、天才のなせる業だと言わざるを得ないな。確かに、今さら言うまでもない。

松田　首を傾げたのは、「あとがき」にあるエピソードね。石原が友人たちとテニスを楽しみ、クラブハウスの食堂に行ったとき、角サンとバッタリ鉢合わせをした。石原は角栄の金権主義を最初に真っ向から非難したから、気まずかったと思う。それは、わかる。

でも、角栄はそんなことを意にも介さず、「お互いに政治家だ。気にするな」と言って、「まあ、ちょっと付き合って一杯飲めよ」と、ビールを頼んでくれたという。

このエピソードをもって石原は、〈私にとってあれは他人との関わりに関して生まれて初めての、そして恐らくたった一度の経験だったろう〉と書いている。これが解せない。あんた、何年政治家やってるんだと（笑）。

早野 貧しい人生だね、相当。まぁ、とくに若いころは〝突っ張ってた人〟だから、人情の機微みたいなものに触れる機会もなかったのかもしれないね。

松田 政治の世界で生きていたら、「昨日の敵は今日の友」みたいなことはいくらでもあるからね。

早野 角栄はロッキード事件で有罪になった後の選挙で、同じ新潟三区から出た野坂昭如に温かい下着を届けてあげたこともあるじゃない。雪国の選挙は寒くて大変だから風邪ひくなよって。

松田 上杉謙信じゃないけど、それこそ「敵に塩を送る」みたいな話でね。野坂自身、後に「逆に心遣いをしてもらった」と、角栄の人物の大きさに心服していたようだった。

早野 野坂はもともと、角栄に対して悪意や敵意は持っていなかっただろう。あの選挙のときのビラなどを見ても、田中批判・金権批判というより、野坂自身の原点である戦争体験から「飢えた子どもの顔を見たくない」とか、「農業が大切だ」といったことを強く訴えていたし。

松田　野坂の親父は戦後、新潟県副知事を務めた人物だったんだよね。

早野　そうそう。そのあたりは角栄の郷土愛にシンパシーを感じていたかもしれない。彼の言動からは、むしろ角栄に対する愛着が感じられたくらいだ。

松田　人物の大きさに惹かれたという部分では、秘書の早坂茂三もその典型だね。『東京タイムズ』記者時代に角栄にとって都合の悪いことを書いたのに、その直後に会ったら、「いやあ、今回は君の勝ちだ」って言われたって。早坂はそれで角栄にすっかり惚れちゃったんだよね。そういう例はいっぱいある。

早野　確かに。しかし、ビールをおごってもらったくらいのことじゃあね（笑）。角栄は「世の中はいろいろだ。一〇人いれば一人や二人は共産党がいるんだ」とか言って、みんなで世の中をつくっていくという感覚だった。人間関係においては、どちらがいい、悪いというような考え方の違いを超越して、多様な価値観を受け入れていたような気がする。

そりゃあ、石原から攻撃されたときはいい気分はしなかっただろうが、後で思い返して「あいつはそういう考えなんだ」と認めるだけの度量はあったのでしょう。

それにしても、石原慎太郎は角栄のことを「日本の恥だ」とまで言っていたわけだから、『天才』を書いたこと自体、自己否定とも取れるわけだ。「日本の恥」から「天才」だなんて、変節以外の何物でもない。

中曽根は何か言ってた？

松田　「石原慎太郎は政治家としても、作家としても終わったな」と。政治家としての変節はあっても、作家としての変節は許し難いということだろう。

早野　それは手厳しい。痛快な感じもするけど。ところで、中曽根は角栄ブームのことをどう思ってるんだろう。「なんで中曽根ブームじゃないんだ」とか言ってない？

松田　さすがに、そうは……。政治家には中曽根ファンがいる。民主党政権で首相をした野田佳彦は、著書『民主の敵』（新潮社）の中で、角栄については、〈まだ評価できる段階ではない〉し、〈功罪でいえば罪の方が圧倒的に多い〉としながら〈角栄さん以降、つまり記憶にある範囲で「宰相」という重みを感じる方を挙げるとすれば、中曽根康弘元総理ではないでしょうか〉と書いている。

早野　なぜだろう？

松田　いわゆる帝王学みたいなものがあるから、だと。業績の良し悪しはあるかもしれないが国鉄民営化を含め、大きなことをきちんとこなしたことも評価しているんだ。

菅直人（民主党政権の二人目の首相）の伸子夫人も『あなたが総理になって、いったい日本の何が変わるの』（幻冬舎）で、中曽根が、自身のイメージする総理大臣らしかったと書いている。

〈私は、菅が総理になったいまも、どうも実感がないというか、本当にこれでいいのだろうかという思いが、拭いきれません〉〈田中角栄さんなどは、総理になったのが五四歳で、いまの菅よりも一〇歳も若かったなんて信じられません〉ともね。

早野　すごい賛辞だな。だけど昨今の角栄ブーム、中曽根は内心、面白くないだろうね。

何しろ角栄と中曽根は同年同月生まれ、永遠のライバルだから。

さて、そのあたりから、突っ込んだ話を始めようか。

第二章 永遠のライバル、角栄と中曽根の戦後保守論

佐藤栄作内閣で蔵相を務め、大黒柱といわれた角栄(上/1964年11月30日)と、防衛庁長官を務めた中曽根(下/1970年11月1日)。出世は角栄が早かった

高等小卒と帝大卒——対照的な経歴

早野　角栄と中曽根は同じ大正七（一九一八）年生まれだ。誕生日は角栄が五月四日で、中曽根はその二三日後の五月二七日。で、一九四七年に揃って民主党から選挙に出て、衆議院議員に当選した。いわゆる同期なわけだ。ただ、角サンは一回落選していて、中曽根は初挑戦で初当選。

松田　そう、後に互いに派閥の領袖として構えた砂防会館の個人事務所は角栄が三階で、中曽根が四階だった。実は砂防会館は元の自民党本部で、中曽根の個人事務所は元総裁室。それだけに若い時分からトップを意識していたといえるだろう。

早野　中曽根の著書『自省録』を読むと、〈角栄君はニッカーボッカーの半ズボンにハンチングを被ってきていた。「粋なアンちゃんだなあ」と思った〉と。何か、道路工事に行くような風体だったのかな。

松田　中曽根特有の教養主義とエリート主義が混ざった、ちょっと〝上から目線〟な表現だね。実際、彼は若い代議士時代は「自分のほうが角栄より目立っていたと思う」というようなことを述懐している。「青年将校」などと呼ばれ、若手の先頭を走っていると自負してたんでしょう。

早野　確かに二人の生い立ちはまったく違う。新潟県刈羽郡二田村大字坂田、現在の柏崎市の農家に生まれた角栄は、高等小学校を出てすぐに働いた。角栄が亡くなって数年後に取材した同級生によると、どもりがひどかったが勉強、とりわけ算数がよくできて、ずっと級長をやっていた、とのことだった。卒業式では総代として答辞を読んでいるし、子どものころからリーダーの資質に恵まれていたのだろう。

そして、一五歳のときに上京。勉学を志してのことだったが、当てにしていた〝住み込み書生〟の口は何かの行き違いでかなわず、昼間は働いて、夜は神田の私立中央工学校に通った。以後、起業するまでは転職に次ぐ転職。二〇歳で徴兵されて陸軍に入った。赴任地は満州。でも病気になって、真珠湾開戦の前に内地に送還された。

松田　朝鮮にもいなかった?

早野　朝鮮には最後に軍需工場の移転にともなう移設工事のために行った。王子神谷町にあったピストンリングの工場設備一切を朝鮮の大田《テジョン》に移設する工事を請け負ったんだ。当時のお金で総額二〇〇〇万円の工事だったそうだから、ビッグビジネスだね。

そこで敗戦を迎えて、物資は全部、朝鮮に寄付した。要するに、捨てて帰ってきたんだな。その後、東京で何とか飯を食っていける企業をつくった。あの才覚で、それなりに金も儲けた。

一方、中曽根は静岡高校という、まさに大日本帝国のエリートをつくる旧制高校に進学し、その雰囲気を満喫して東京帝国大学法学部に進んで内務省に入省。戦後は警察官僚になった。

松田　戦時中は海軍の主計中尉だったしね。

早野　まったくエリート中のエリートだよ。旧制高校時代はカントやヘーゲルなんかを読んだり、哲学をはじめいろんな学問を学んだんだろう。

松田　兵隊に行ったときも、聖書とシューベルトの「冬の旅」のレコードを持って行った。クリスチャンだったお母さんの影響だね。

早野　それはそれとして、海軍時代の雰囲気もあって、中曽根は政界で「青年将校」と呼ばれたの？

松田　一九四七年に民主党の総裁選をめぐって、同期の櫻内義雄などと民主党の幹部会に乗り込み、自らが推す芦田均《あしだひとし》を総裁とするよう、幣原喜重郎支持派の多い長老グループを突き上げた。その時に昔の軍隊の靴をはいていたから。

敗戦を経て、時代的にはちょうどアメリカの支配から脱しようという「戦後保守主義」が台頭する時期だった。新聞記事で「青年将校」と形容されたのが発端だ。上を上とも思わずに「次は芦田にしろ」と談判した中曽根ら若手議員が、新聞紙上をにぎわしたんですよ。

早野　なるほど。政治家になってからはもちろんのこと、東大時代は矢部貞治《やべていじ》や南原繁《なんばらしげる》など、錚々《そうそう》たる教授から政治学を学んだだけのことはある。官僚時代は「内務省こそ、人民を直接導く国家エリートだ」と自負していただろうし、「自分はいずれ国家のトップに向かっていく人材だ」と自覚していたんでしょう。

松田　「俺のほうが出世すると思っていたのに、いつの間にか角栄に抜かれてしまった」とも言っていた。いつまで経っても中曽根政権を実現できなくて、最後は角栄の力を借りた。そこに踏み切るまでが大変だったという印象がある。

だから中曽根には、強いエリート意識を持ちながらも、角栄に対する羨望があったと思う。『自省録』には〈池田勇人さんと佐藤栄作さんの両方とも良い関係を保ったのは田中君しかいませんでした。この一事をもってしても、田中君が非常に世故に長《た》け、処世に器用な人だったことがわかります〉と書いている。

早野　それはずいぶん、角栄を貶《おとし》めた言い方だね。でも、気持ちはわかる。悔しかったんでしょう。

松田　なにしろ角栄が池田・佐藤両内閣下で大蔵大臣や自民党の幹事長をやっているときに、中曽根はずっと干されていたからね。重職と言えば、岸（信介）内閣で科学技術庁長官をやったくらいのものでしょ。佐藤内閣でようやく運輸大臣になったけど、角栄にはかなり水を空《あ》けられた。

早野　世故に長けすぎた角栄と、自己評価は高いけど世の中と波長が合わない中曽根、といったところかな。

松田　まぁ、「反吉田」に徹したことから、自民党内では傍流に追いやられ、出世が遅れた部分は大いにあるだろう。

早野　逆に角栄のほうにも、エリートに対する若干のコンプレックスがあったかもしれない。少し話はそれるけど、それは福田（赳夫）に対しても同じ気がする。福田のほうが政治家としては後輩で、実力的にも下なのに「角サン、角サン」と気安く呼んでいたでしょ。角栄は内心、「上からものを言うな」と感じていたとは思う。

松田　政治家は同期意識が強いからね。角栄にしてみれば、「先輩なんだから『田中さん』だろ」というのはあったかもしれないね。

早野　もっとも福田本人は、東京帝大から大蔵省に入省した、誰が見ても遜色のない経歴というのもあって、ごく自然に「角サン」と呼んでいたんだろうけど。

松田　福田は大らかな性格だし、角サンがそれをどう受け止めるかまでは考えてなかったでしょう。総理のときはぺぇぺぇの番記者を「番ちゃん、番ちゃん」と呼んで、「君たちに誤解がないよう、一から教える」って政治講義みたいなものをやってくれた。言葉としては強いんだけど、どこか田舎のおじさんみたいな親切心があった。

早野　確かに、僕ら角栄番の記者も福田に接触する機会が多かったけど、根本的にいい人だったよ。

松田　そういう親しみやすさは、若い頃の中曽根には欠けていたようだ。なにしろ風呂に入ってもシャンソンを歌ったくらいだから（笑）。中曽根が群馬の選挙区で、なかなか福田に勝てなかった一つの要因にもなったんだろう。その点は自覚していたと思う。

若手代議士時代から『議員手帳』には、自ら創作した〈結縁・尊縁・随縁〉の三縁主義を書き込み、モットーとしてきた。この世に生を受けたのも縁であれば、限られた人生で

「結」ばれる縁も限られているから、それを「尊」び、大切にする。「随縁」は、縁に逆らわずして、これに従うことだと、中曽根から説明されたことがある。

旺盛な克己心は中曽根の特徴だと思うよ。

「若き血の叫び」――戦後民主主義から生まれた角栄

松田　しかし、角栄のすごさもさることながら、早野さんのすごいところはさ……。

早野　え、何？　言わなくていいよ。

松田　さっきも触れたけど、改めて言っておきたい。地方支局から晴れて東京本社の政治部に配属になったにもかかわらず、自ら志願してもう一回、新潟支局に行ったでしょ。角栄は地元に密着した政治家だから、どういう地盤で支持され、政界に送り出されたかをしっかり探求しなければ、角栄像をつかむことはできない、と。

それで昔の農民組合運動、つまり日農（日本農民組合）の流れを汲む人たちの多くが、角栄の後援会である越山会に流れ込んでいることを突き止めた。そういう視点って、それまではなかったんだよ。

早野　あれは、『朝日新聞』の新潟版に連載した記事で、タイトルが「草のとりで」。「草」は農民で、「農民たちが築き上げた砦が角栄の後援会だ」という意味をこめた。後に『田中角栄と「戦後」の精神』（朝日文庫）という本にしたんですよ。

松田　僕はその本を読んだ。

早野　政治記者というのは東京の権力の中枢を追いかけていくから、権力闘争や利権の世界にどっぷり浸かっちゃう。そうすると、民衆が見えてこない。田中角栄という人物は権力があり、金権とか派閥の親分といった要素で語られることが多いけど、「どうも、このおじさんはそれだけではなさそうだ」と思ったわけです。

松田　早野さんの本を読んで、農民運動をやっていた、どちらかと言うと社会主義的色彩の強い組織を後援会に切り替えていったことを知った。そこに、人民とともに歩む角栄の実像を見た思いがした。今の「角栄ブーム」の原点はそこじゃないかなぁ。その角栄が初めて選挙に出たのは……。

早野　一九四六年。大日本帝国憲法の下で行われた選挙だね。当時、土建会社を経営していた角栄は、自社の顧問であり、日本進歩党に所属する議員でもあった大麻唯男《おおあさただお》から政治資金をせびられた。そのときに「選挙に出てみないか」と誘われて、日本進歩党から出馬した。日本進歩党というのは、戦時中に「国家総動員」を奉じた大政翼賛会の流れを汲んでいて、いわば旧レジームだね。

　ちなみに、角栄の会社には大麻のほかに、東京帝大を出て宮内省次官にまで上り詰めた男爵の白根松介と、明治大学を卒業したのちに報知新聞、講談社などの言論界に進んだ岩崎英祐の二人がいた。政界、華族、言論界という三つの分野で顧問を揃えたことで、角栄は人脈のルートを開いた、とも言える。さらに戦後、正木亮という弁護士を顧問に加えたんだが、彼が角栄と小佐野賢治を引き合わせた。小佐野と言えば、ロッキード事件に絡んだ人物だから、この時期に角栄が得た人脈は注目に値する。

さて、日本進歩党の一方に、鳩山一郎らが軍国主義の打破と民主主義体制の確立、自由経済による経済再建などを掲げて結成した日本自由党があって、ここには児玉機関から潤沢な政治資金が流れていた。児玉機関というのは、海軍から「中国で金やダイヤモンドを奪って日本に持ち帰る」ことを任務とする組織でね。この極秘任務についたのが、後にロッキード事件でも注目された児玉誉士夫だよ。

何となく「役者が揃った」感がなきにしもあらずではあるものの、当時の角栄はそういった政治的なこととは関係なく、大麻から「君は一五万円、金を出して、黙って一カ月間、お神輿に乗っていればいい」と言われて選挙に打って出た。

松田　そのときにぶったのが「三国峠演説」――。

早野　そう。「三国峠を切り崩せば、日本海の季節風が太平洋側に抜けて、越後に雪が降らなくなる。みんなが大雪に苦しむことがなくなる。切り崩した山の土は日本海に持ってって、佐渡島を陸続きにすればいい」ってね。これが後の『日本列島改造論』につながる。

でも、最初の選挙は候補者三七人中一一位で、落選しちゃった。当時は大選挙区で、新潟は二つの選挙区だった。このときは「もう政治のことはふっつり忘れる」と言っていたが、内心は「なにくそ！」だったのかもしれない。

松田　翌年にはもう、再挑戦したからね。二回目は中選挙区になっていて、角栄は新潟三区から出た。「若き血の叫び」という。

早野　あれはスローガンみたいなものだな。最初の選挙でもポスターに使っていた。思いとしては、新人議員のときに「自由討論」で展開した「民主主義論」に通じる。「議員は一人というも、その背後に一五万五〇〇〇人の国民大衆があって、この発言はまさに国民大衆の血の叫びなのであります」っていう、戦後民主主義を体現していたね。

過激な赤旗と戦う白馬——誇り高きエリート、中曽根

早野　同じ時期に中曽根のほうは『青年の理想』（一洋社）という本を出版している。

松田　うん。中大兄皇子や中臣鎌足が二〇代で大化の改新を行った歴史を引き合いに、青年の奮起を促している。新時代を創ろうとする若い世代の代表を目指したんだ。中曽根には共産党の前衛政党論ではないが、「俺たちが国を引っ張っていく」という意識は非常に強かったと思う。

早野　統治とか国家への執着心というか、そのへんは角栄に比べると中曽根のほうが圧倒的に強い。隣近所のおじちゃん、おばちゃんとうまくやっていくという角栄流の世間知に欠けていたけどね。

そもそも中曽根はどうして政治を志したんだろう。内務省を辞めてまで。

松田　親父さんにすごく反対された。父、松五郎は一代で叩き上げた材木商で、結構な金

政治家になって
2年ほどの中曽根
（1949年6月）

持ち。中曽根は出藍《しゅつらん》の誉れの息子だよ。当然、「公務員試験を八番で受かったエリートが、何で政治なんかやるんだ」と猛反対するよね。

でも、中曽根は見切り発車で内務省を辞めて、退職金をはたいて買った自転車を白く塗りつぶして「過激な赤旗と戦う白馬」に見立てて選挙戦に出た。親父のほうも「佐倉惣五郎になる覚悟があるならやればいい」と、渋々了解した。

早野　面白いな。佐倉惣五郎って、農民の声を将軍に直訴して処刑された近世の代表的な義民だろ？　中曽根に惣五郎的資質はあったと思う？

松田　ＧＨＱ（連合国軍総司令部）のマッカーサーに「日本の独立を認めてくれ」といった建白書を出すなんて、惣五郎っぽくもある。

早野　惣五郎よりずーっと長生きしているけどね。

それはさておき、当時は「戦前の官僚制は軍国主義に負けたけど、戦後のこれからは官僚が政治の世界に出て、新しい時代をつくるんだ」という流れがあった。その中から中曽根が出てきたわけだ。

松田　まず早川崇という東大・内務省時代の同期生が和歌山から出て当選し、彼に引っ張られるようにして中曽根も出馬した。

その早川とか、後に中曽根内閣で郵政大臣を務めた檜垣徳太郎、ジェトロ（日本貿易振興会）の理事長になった赤澤璋一、東急の五島昇などと「青年懇話会」というグループを結成して、勉強会をやっていた。スポンサーの五島が酒を調達して、そば屋の二階に集まっては議論していたんだね。

メンバーはほとんどが東大、海軍経理学校、内務省時代の仲間たちで、彼らが政権獲得の後も、ずっと中曽根ブレーンになっている。さらに、彼らの青年運動を推進する拠点として、地元・高崎に「青雲塾」を置いた。この青雲塾を軸に親父さんを口説き、選挙運動を展開したわけだ。

早野　錚々たるメンバーだなぁ。角栄の出発点とはずいぶん違う。角サンの周りには東大OBなんていないぞ。ちょっと角サンがかわいそうになってくる。

松田　まぁ、中曽根は誇り高きエリートだから。リーダー論、さらには当時、票にならぬと振り向かれなかった安保、外交政策に邁進《まいしん》したんだよ。

早野　越山会が角栄の、青年懇話会・青雲塾が中曽根の後援会につながっていくというのがまた、二人の違いを鮮明に浮き立たせるものではあるね。

松田　ただ、結果的に中曽根は民主党から出馬し、角栄と一緒になった。当時の政治状況ではイデオロギー的な整理はしにくく、政党間の溝は今、考えるよりはるかに浅かったはずだ。

講和に賛成、安保には――

早野　角栄と中曽根が二度目の当選をした一九四九年は、ほかに池田勇人とか佐藤栄作、前尾繁三郎、西村英一など、いわゆる「吉田学校」の主力が当選してきた。吉田茂は自派の勢力を強化し、同時に戦後の混乱期を乗り切る行政能力を高めようと、各省庁から優秀な官僚を集めて政界に呼び込んだわけだ。

松田　面白いのは、佐藤は社会党からも誘われていたこと。岸に「やめとけ」と言われたらしい。

早野　でも、岸だって「両岸」と呼ばれたように、社会党でもよかったんでしょ?

松田　それはそう。こんなエピソードも残っている。

岸が進めた安保条約改定に野党だけでなく、一般国民までもが大反発。デモに繰り出し、国会周辺を取り囲んだ。一時は岸も自衛隊の出動を模索したが、断念。結局、退陣を余儀なくされたが、ポスト岸として当初考えられたのは、当時の民社党委員長・西尾末広だったと、岸の側近だった福田赳夫元首相は『回顧九十年』(岩波書店)で明らかにしている。

提案したのは福田で〈挙国体制を作り得る〉と考え、西尾自身にも三回接触した。しかし、〈西尾首班ということになれば、私は政治家としてここで死ぬことになるんだ。この際は、「僕の命を助けてくれ」と西尾に拒否され、岸首相に報告して、この話は打ち切った。「西尾政権」の構想に岸は、「大野伴睦君(副総裁)がどうかなぁ」と心配顔だったがこれにはわけがあった〉と、指摘している。岸と西尾の間に交わされた、次の首班は大野とする密約書の存在を福田は指摘する。

政権の私物化の典型というべき「密約」を結ぶところで、与野党連立による「挙党体制」という新しいアイデアをしばし容認した岸の野放図な政治行動にも時代を感じる。その意味では、日本の思想には右と左があるけど、一周すると一番近い、というようなところがある。対立軸ではなく融合軸というか。

早野 米ソ対立が始まった時代に、日本は敗戦の中からどう国をつくるか、ある種共通の問題意識だったから、右も左もなかったかもしれない。そんな日本の政治にとって大きな転機になったのが、一九五〇年に勃発した朝鮮戦争。このときにアメリカが日本に再軍備を要求してきた。

アメリカは日本国憲法にかけた手枷、足枷が邪魔になったんだな。つまり、日本が軍事力を持たないように盛り込ませた「戦力を保持しない」という九条に、アメリカのほうが音《ね》を上げた。だから、憲法を改正して、再軍備させようとしたわけだ。ところが、吉田は「憲法は改正いたしません」とハネつけた。角栄は「そこが吉田さんの偉いところだ」と言っている。

その吉田を倣ったのか、一九六二年にロバート・ケネディ（司法長官）が来日したときも憲法改正と再軍備を求められて、角栄はこんなことを言っている。「そんなことをおっしゃっても、憲法を押し付けたのはアメリカである。しかし、その憲法が日本に根付いてしまった。今さらそれを変えろと言うなら、制定過程から説明してくれ」と。

松田 そのとき、中曽根はケネディを神楽坂近くにあった合気道の道場に連れて行って、日本文化を紹介したりした。総理になったときもロナルド・レーガン（大統領）を西多摩にある自分の別荘に招いたでしょ。中曽根の外交戦術には、日本の良さをアピールしたい気持ちが垣間見える。

早野　それは「日本はアメリカと対等なんだ」と主張したい気持ちの一つの現れじゃないかな。日本にはアメリカにはない、こんなすごい文化があるんだぞと。

松田　話を戻して、あのときの吉田は再軍備しないかわりに、「警察予備隊」という、いまの自衛隊の前身である武装組織を設置することを受け入れた。朝鮮戦争のときは「再軍備だ」「いや、警察予備隊で凌ごう」と、意見が真っ二つに割れた。中曽根は「再軍備路線を取れ」という意見だったね。

早野　それは「反吉田」でもある。「警察予備隊は外国の侵略に対し、戦う組織なのか」と吉田を追及し、以後「憲法九条を改正し、堂々と軍を保有するべきだ」と主張している。

一方、角栄は占領軍の指令で憲法がつくられたことに疑問は感じてはいたが、最後まで改憲に力むことはなかった。一度、「改憲か護憲か」と直接、角栄に聞いたことがあって、そのとき「君ね、憲法なんて一〇〇年変えなくてもいいんだよ」と答えていたね。中曽根と違って、国家の問題よりも生活の問題のほうが大事だと考えていたんだろう。

ともあれ、吉田茂はしたたかなオヤジだから、一九五一年のサンフランシスコ講和条約で日本の占領の終結と主権回復を実現させた、その裏で日米の安全保障条約を結んだ。たった一人で署名したんだから、すごいな。その日米安保がずっと今日まで続いている。

とはいえ、反対運動も起きていて、とりわけ「六〇年安保闘争」は激しかった。新安保条約が強行採決されるや、岸内閣退陣要求が叫ばれ、六月一五日には国会にデモ隊がなだれ込んだ。そのなかで、東大生の樺美智子さんが圧死するという事件も起きた。

このとき、角栄と中曽根は何をしていたか。角サンは事務所の人に「今日はデモがありそうだから、みんな、早く帰れ」なんて言ってたなぁ。あんまり鮮烈な行動は残してない。

松田 あのときは岸から「自衛隊を出せ」という要請があったが、国家公安委員長と防衛庁長官に反対されて頓挫したとされている。「中曽根メモ」にはそのことに対する疑問が記録されている。

早野 中曽根はそのころから、日本独自の新しい憲法をつくろうという「自主憲法論」なんて言っていたかな?

松田 言ってますね。岸が安保改定に乗り出した一九五七年以前の五五年に『自主憲法の基本的性格』という冊子を出しているし、五六年には「憲法改正の歌」の作詞をしている。安西愛子が歌ったんだよね。

早野 そうだ、そうだ、歌を発表したっけ。話は戻るけど、吉田が講和条約に調印し、裏で安保条約を結んだあのときは、後で国会で承認させなくちゃいけないから、すったもんだで大変だった。角栄は吉田の藩屏《はんぺい》だから、どちらも賛成だけど、中曽根は講和条約には賛成し、安保条約は棄権している。どういう考えだったのかな。

松田 講和は賛成だけど、安保は反対。そこは角栄との違いが顕著になった。安保条約は双務的ではなく、日本の内乱に政府の要請があれば、米軍が出動できるとか、米軍の軍人、軍属の刑事裁判管轄権問題に納得がいかなかったからだ。
早野　軍隊がないんだから、しょうがないじゃない。
松田　でも、中曽根が抱いた疑問点は六〇年安保改定で是正された。
早野　そうか、ある意味では、なかなか卓見だったのかな。
松田　中曽根を見ていると、常に日本の保守が抱えている「国をどう守るべきか」ということへのジレンマに苦しめられてきたように感じる。
たとえば「果たして、親米だけでいいのか」というところに、割り切れないものが残っていた。そういったジレンマが経済成長路線のなかでも、ずっと地下水のようにつながってきて、田中政権誕生の条件とした日中国交正常化や、中曽根自身がやった中国、韓国との首脳外交などのときに噴き出したんじゃないか。

「首相と恋人は自分で選べるよう」――首相公選論と天皇観

松田　中曽根内閣で官房長官をやって、かつ角栄の懐刀でもあった後藤田正晴がしきりに、「戦争を知らない世代が出てきたとき、日本はどうなるんだろう」と言っていた。もちろん、戦争体験がないこと自体はいいことなんだけど、死というものと真剣に向き合い、考える機会のないことを危惧していたんだと思う。
死を考えることは逆に言えば、人生をいかに充実して生きるかを考えることでもある。

自分の人生だけではなく他人の人生、ひいては国民の人生を大切にしていくために何ができるか、何をなすべきかをね。

実際、戦後七〇年を経た今、政治家を含めて国民全般、そのへんの意識が希薄になっている。戦争経験のある世代と、戦争を知らない世代の間にかなりの落差があると思う。

早野　政治で言えば、角栄・中曽根の世代と、今の安倍の世代とでは、日本の戦争責任に対する意識も違ってきている。たとえば、安倍はもう「日本は戦時中、周辺諸国に迷惑をかけた」とは言わないでしょ。

松田　言わないね。

早野　『朝日』では、安倍のそういう姿勢を「定着」なんて言葉を使って報道している記事を見た。それがまるでいいことのようで、ちょっと違和感がある。

一方で天皇陛下は去年、今年と「深い反省」と言い続けている。広島・長崎など慰霊の旅を続け、一一年前はサイパン、去年はパラオ、今年はフィリピンを訪問されているよね。今上天皇には、戦没者の慰霊が自分の務めだという思いがあるんじゃないだろうか。

松田　戦争を境に日本国憲法のもとで、天皇のあり方自体が「現人神」から「象徴天皇」に変わった。戦没者の慰霊もそうだけど、東日本大震災とか熊本地震とか大災害が起きて人心が乱れるとき、天皇はすぐに出かけ、被災者の方と膝を折り、目線を合わせてお話しになるでしょう。そういった行動を見ていると、今上天皇は戦争を体験した世代と、戦争を知らない世代の落差を埋めようとされているようにも感じる。僕なんかもかつては天皇制に疑問を持っていたんだけど……。

早野　昭和天皇が主権であり、かつ軍の大元帥だった時代を考えるとね。そう言えば中曽根さんは、昭和天皇の時代に「天皇退位論」を提唱したことがなかった？

松田　ある。あれは、今年の八月に天皇が発表された「お気持ち」と同じ動機でしょう。中曽根本人は「昭和天皇ももうお疲れになって大変でしょうから、退位されたらどうでしょうか」と思って言ったというんだけど、まぁ、戦争責任問題も微妙にからんでいると推測される。

特に岸信介に対しては、「戦争責任を取り切らないまま、政界に復帰していいのか」という思いはあったようだね。岸は戦時経済をリードし、A級戦犯容疑で巣鴨拘置所に収監された人物だから。

早野　うまくすり抜けたということだね。

松田　その一方で、中曽根には天皇制に懐疑を抱いたのかなと思われる点がある。「恋人と首相は自分で選べるようにしよう」なんてキャッチフレーズをつくって「首相公選論」を提唱してるんだけど、そうすると「天皇はどうするんだ」って問題が出てくる。現憲法下では、内閣総理大臣を任命するのは天皇だからね。

早野　国民投票によって内閣総理大臣を決定するとなると、天皇の任命権がスポイルされてしまう。

松田　そう。首相を自分たちの手で選ぼうというと、そこが齟齬《そご》をきたす。まぁ、中曽根は、日本のアイデンティティ（主体性）を保持しながら、象徴天皇の下に民主的共同体を建設しようと、述懐しているが、天皇観は基本的にドライな感じがするね。

早野　そのへん、角栄は全然突っ込んでない。天皇を特別崇拝しているわけじゃないけど、理屈抜きで「天皇陛下は偉いんだ」と考えていたと思う。

角栄はそもそも権力の中枢とは違うところにいたこともあって、自分が戦後の厳しい状況のなかを生き延びていくこと、金を儲けることで精いっぱい。やがて民主主義に目覚めて、国を復興し平和に豊かにすることを考え、ひたすら突っ走っていた。やっぱり中曽根は内務官僚だから。

松田　というのと、過酷な戦争の現場を見てきたなかで、戦争責任というものが心に残っていたんだと思う。自分の戦争責任については、あまり言及しないが。

早野　でも、中曽根は下士官だったから、戦争責任はあんまりないでしょう。

松田　確かに幹部ではないからね。

早野　戦争体験で言えば、中曽根はボルネオ島のバリクパパンに行って、部下が戦死するという経験をしている。〈友を焼く　鉄板を担ぐ　夏の浜〉って、有名な句があるじゃない。弟も戦死した。

一方、角栄のほうは陸軍二等兵で、上官に張り倒されながら、地べたをはいずり回ってね。「突っ込めーっ！」と言われて、そのまま突っ込んでいく感じ。それでも持ち前の才覚で、部隊運営の有用な一員に潜り込み、下っ端の参謀みたいなポジションを得たようだが。意外にも角栄は達筆で、事務処理能力も優れていたんだね。そこに政治家としての原型があるように思う。

余談ながら、毎日新聞の田中番だった馬弓良彦が書いた『戦場の田中角栄』（毎日ワンズ）という本に、興味深いエピソードが紹介されている。連隊本部から「ずさんだ」と突き返された書類をつくり直すのに角栄が起用され、古参兵を指揮して見事に仕上げたという。これを見ていた見習い士官が「大変な男だ」と感嘆したそうだ。あと、軍隊生活の合間に早稲田大学の建築に関する講義録を読んだりもしていたとか。

どんな状況・環境にあっても適応して持てる能力を発揮し、いつの間にか上の人間の懐に飛び込んで出世していく。そういう才覚があった。政治家になってからも、吉田茂、池田勇人、佐藤栄作に重宝がられて権力の階段を上っていった。もともと持っている資質とも言えるし、それなりの戦争体験があればこそ、というふうにも見ることができる。

早野 同感だね。

松田 いずれにせよ、政治家を含めて今の人に必要なのは、戦争体験のある世代はそれを若い人に伝え、若い人はそれを真摯に受け止めることだと思う。

角栄の「親・吉田」と中曽根の「反・吉田」

早野 角栄も中曽根も政治家デビューしたときは、ともに民主党だった。ところが、一九四七年に片山哲内閣が「炭鉱国家管理法案」を提案したことをきっかけに、路線が大きく分かれていく。片山内閣は社会党を中心とする連立内閣で、民主党も手を組んでいたんだが、民主党内部で反対論が高まったわけだ。

「炭鉱国管」というのは、「戦後の復興のためにはまずエネルギーを確保しなければいけない。北海道や九州に埋まっている石炭をたくさん掘って、それを国の管理のもとでやっていこう」とするもの。中曽根はこれに「復興へのカンフル剤になる」と賛成した。

松田　単なる自由主義ではなく、そこに国の管理を入れる、いわば修正資本主義だね。

中曽根は国会議員に当選する前から、修正資本主義的な考えに傾倒していて、初出馬のときの政党選択にも迷っている。勉強会の「青年懇話会」の仲間だった早川崇との縁で、国民協同党からの出馬も考えたことがあった。角栄とともに属した民主党は、一九四七年に社会党、国民協同党と連立を組み、社会党の片山哲内閣を発足させたけれど、片山は社会主義的政策として、石炭を国家管理のもとに置こうとして臨時石炭鉱業管理法を成立させた。このとき、角栄は反対派の急先鋒だった。

これを機に角栄が属した幣原派は、社会党とのパイプの太い芦田派と分かれ、「同志クラブ」を結成。その後、吉田茂が率いる民主自由党に加わった。中曽根は芦田とともに石炭国管に賛成したんだね。

ずっと後の話だけど、中曽根は時々、修正資本主義的発想を試みていて、オイルショックのときは、平気で国の権力を動員して石油を配分しろといったことを言っている。

早野　しかし、角栄は「自由主義に反する。社会主義国家をつくるつもりか」と反対する立場だ。なにしろ議員になって間もなく、片山に国会質疑をしたときにもう、角栄は建設省の設置と住宅不足問題で長広舌をふるっている。

「私は土木建築業者でございまして」に始まって、「わが国の建築行政は多岐にわたる。その一例が、終戦後の進駐軍に関わる特別工事だ。また、住宅にしても、現在六〇〇万戸も不足している。一家の団欒所であり、魂の安息所であり、思想の温床である住宅が戦前に戻れないようだと、日本はえらいことになる。そういった建築行政の膨大さから見て、建設院では足りない。建設省をつくらなければ間に合わない」というようなことをね。

もともと土木業者の角栄には「思い切り儲けたい」という発想があるし、人々の生活基盤を整えることに根差した自由主義論者でもあるから、国家管理より自由主義というふうになる。

それで角栄は、この法案に反対した幣原喜重郎ら一派が結成した「民主クラブ」のメンバーになり、さらに一九四八年三月に日本自由党と合体してできた、吉田茂を総裁とする民主自由党に入った。ここから角栄は、「保守本流」となる吉田の流れに潜り込んだ。

でも、その年の一二月には、さっそく炭鉱国管汚職で逮捕されている。もっとも幸運にも、と言うべきか、直後に衆議院が解散になったんだよ。

松田　そうだった。拘置所から立候補したという。

早野　何とか保釈してもらって、吹雪のなかを新潟三区に戻って、必死に走り回った。結果、前回よりも票を伸ばして、二位当選。地域の下っ端にいる、支配構造に反逆していた若い連中が、角栄に賭けてみようと支持してくれたんだな。

それはさておき、角栄がいつの間にか吉田の流れに潜り込んだことだが、後年、彼は「偉くなるには、大将の懐に入ることだ」と言っている。そのへんは非常に鼻がきく。でも、中曽根も「風見鶏」の異名を取ったように、機を見るに敏で、鼻がきく。自分でも「鼻が一番大事だ」って言ってなかった？

松田 言ってたかもしれない。ただ「風見鶏」と呼ばれるのは、最初はイヤがっていたんだよ。政権を獲得する道筋において、右顧左眄《うこさべん》する場面がいくつもあって、それを揶揄されたわけだから。

ところが、総理になってから、「風見鶏で当たり前じゃないか。政治家は物事の向きをすぐに感じなきゃいけないんだ。しかも風見鶏は、芯は地についている」って開き直った。

早野 真ん中の棒は動かないって？ 変な理屈だけど、うまいこと言う。

松田 僕が言うのもなんだけど、中曽根は総理になって成長した。旧来の自分から脱皮して、大きな政治家になったと思う。

いずれにしろ、炭鉱国管問題では、吉田路線に近い形で経済政策を重点的にやっていこうという角栄と、憲法改正を含めた日本の国のあり方を考えるべきだという中曽根と、二人の路線の違いが明確に浮かび上がった。

早野 中曽根はそれからずっと「反吉田」でしょ？

松田　そこは終始一貫している。中曽根のナショナリズム的な持論が、吉田政権以降の保守本流では発揮できず、〝日陰の花〟みたいな存在だった。

ただ「過去に風圧を感じた政治家はいますか？」って聞いたとき、中曽根は即座に「吉田茂さんと河野一郎さんだ」って答えた。考え方は相反していても、二人には一目も二目も置いていたね。

早野　風圧か。僕らは政治記者だし、何となく懐に潜り込んでいたから、どんな大物にも好き勝手を言い、対等の立場でふるまわなきゃいけないと思っていたが、確かに風圧を感じて思わず半歩退いてしまうような重みのある政治家はいるね。

松田　横道にそれるけど、国会の通路に赤絨毯が敷いてあるでしょ？

早野　うん。

松田　そこは国会議員が歩くところなんだよ。でも、通路全部に敷き詰めてあるわけじゃなくて、横に敷いていないところがある。ここを新聞記者と国会職員が歩く、というふうに昔は決められていたと先輩記者から教えられた。

早野　そういうことだったのか。僕らは戦後民主主義の時代だから、平気で赤絨毯の上を歩いていたけど。

松田　中には、吸っていた煙草を絨毯の上に投げ捨てて、揉み消す奴もいたくらい。僕なんかは「赤絨毯はエリートだ」って教えられたもんだよ。

早野　まさに「赤絨毯の権威」で、風圧にもつながる話だね。

僕らが年をとってきたせいもあるが、最近の政治家に風圧を感じるような人はあんまり……。安倍はどう？　それなりに総理の風格が備わってきたようにも見受けるが。

松田　うーん。僕は民主党政権のときに首相番記者をやっていた経験からすると、安倍を含めて、いずれもお仲間でつるみすぎているみたいな感じだ。

早野　そうだったね。番記者こそ熟年がいいと言われて。

松田　若い記者に混じってやりました。六〇過ぎてね。

角栄のガソリン、中曽根の原子力

早野　そんなわけで吉田の懐に飛び込んだ角栄は、とんとん拍子に出世する。六〇年安保が自然成立して岸が退陣。一九六〇年七月一九日に池田勇人が第五八代総理大臣に就任する。ここから経済優先路線が敷かれて、角栄は何と六一年に自民党政調会長になった。さらに六二年には大蔵大臣に就任する。

松田　角栄が飛躍し、中曽根が停滞する土壌ができあがったわけだ。

早野　このころまでの角栄が最大の自慢としていたのは、三三本の議員立法をやってのけたことだ。「これぞ、まさに戦後民主主義！」という形を描いてみせた。

秘書の佐藤昭子の著書『私の田中角栄日記』（新潮社）によると、角栄は後々も、若い議員連中が来るたびに、「君たちは立法府の議員なのだから、議員立法をしなさい」と勧めていたそうだ。ただ、若手は「いやあ、オヤジさんは天才だからできるけど、俺たちはそんな力がない」と、誰も本気で取り組もうとはしなかったらしいが。

佐藤はこのことを〈国会議員が議員立法に取り組まなくなったことが、政治家を怠惰にし、自らを選挙屋に貶めてしまったのだ〉と断じている。その通りだよね。角栄が次から次へと議員立法を手掛けていた時代の日本政治には、民主主義の新鮮さが息づいていたように思う。今の政治家にも、肝に銘じてほしいところでもある。

それはそれとして、角栄の議員立法のなかでも出色は、何と言っても「新道路法」だろう。戦前、一九一九年にできた「旧道路法」では、天皇の施設のあるところや軍にとって重要な路線が「一級道路」とされていた。でも、戦後になると、そんな概念は必要ない。

角栄は「交通の発達に寄与する」ことと「公共の福祉を増進する」ことに軸足を置いて、国土を縦断、横断、循環して、政治・経済・文化上の重要都市を結ぶものを「国道」と定めた。さらに、一九五二年にこの「新道路法」を成立させると、同時に「道路整備特別措置法」をつくった。「公の道路を通るのに金を取るのか」と反発されたが、これが高速道路づくりの端緒になった。あと、道路建設の財源とするべく、「目的税はけしからん」と言われながらも、ガソリン税を導入した。

松田　非常に合理的で、経済効率の高い施策だと思う。角栄は道路をはじめとするプランをつくるとき、必ず財源を自前でつくりだす。そうして収入と支出を両方カバーするのが、非常にすぐれたところ。天才と言われる所以《ゆえん》でもある。

ただ政権の終盤、工場追い出し税はできなかった。これは、都心の工場地帯を地方や郊外に移転させて、大都市の人口を抑制しようという『日本列島改造論』の骨格だった。ところが、移転しないところに懲罰的な課税をして財源にするというプランだったが、経済界から大反発を食らって新税の導入に失敗した。それで足元をすくわれた。

早野　それまでの政治家は「出」のほうだけで、「入り」をつくろうなんていうことは、ほとんど意識してなかった。財源を合わせたプランを考えるのは、角栄がもたらした政治的発想だと言えるね。

今はもう、これが当たり前になっている。民主党政権のときとか、何かプランを出すときには決まって「財源はどうするんだ」って突っ込まれるくらいだ。そのあたりの感覚、中曽根はどうだったんだろう？

松田　ほとんどない。帳簿の勘定みたいなことは役人のやることで、政治家がやることではないと割り切っていた。ただ「田中さんが道路と鉄道をやったから、俺は原子力の平和利用と宇宙開発だ」といった意識はあったと思う。議員立法で言えば、一九五五年に「原子力基本法」を成立させている。

早野　日本は原爆を落とされた国だし、今は原発問題が起きてイメージダウンしているけど、当時は原子力という新しいエネルギーに対する希望があったからね。僕らが少年時代に夢中になった、手塚治虫のあの『鉄腕アトム』だって、アトムという名前からして原子を意味する。中曽根はきっと原子力に対して、現代の物差しでは測れない魅力を感じたんだろう。「ミスター・アトム」と呼ばれていたっけ。

松田 そうそう。資源のない日本にとって、原子力は貴重だと考えていた。もしかしたら頭の片隅に、「ギリギリのところで軍事に転用できる」という思いもあったかもしれない。中曽根自身はそこまで言ってないけど、現実にそういう批判があったことは認めている。

早野 それにしても、どうして中曽根は原子力に関心を持ったんだろう？

松田 『自省録』によると、広島に原爆が落とされたときに偶然、高松にいた。西の空に巨大な入道雲が沸き上がるのを見たことがきっかけのようだね。以来、日本の将来を拓く鍵は科学であると自覚した、と。ただ、高松と広島は一五〇キロ以上離れているから、原爆のキノコ雲が見えるはずはないことは認めていて、でも〈確かに大きな白雲が見えた〉らしい。

早野 八月だから入道雲だった可能性は高いけど、後付けでキノコ雲だと思っちゃったのかな。まぁ、中曽根は妄想癖が……妄想が自分の歴史になってしまうところがあるからね。いい意味で言ってるんだよ。妄想癖って、政治的行動力のものすごいパワーになる場合も少なくないんだよ。仮に妄想であったとしても、中曽根の中ではそのときの経験が後年になって、最先端の科学技術を重視するという政治課題に結びついたのかもしれない。

松田 あと、宇宙開発については、今でこそ日本人の宇宙飛行士が当たり前のように活躍しているけど、そういう時代を切り拓いたのは中曽根だよ。総理になってレーガンが来日したとき、例のロン・ヤス会談で、アメリカに日本人の宇宙飛行士候補生を受け入れてもらうという話をまとめた。女性宇宙飛行士の向井千秋さんが出てくる契機もロン・ヤス会談だった。

早野 そうだったか。角栄はガソリン税で、中曽根は原子力。政治に取り組むときの着想の仕方が全く違っていて面白い。

松田 「政治は文化に奉仕する」というのが彼の政治哲学だ。中曽根政権では八三年、「対がん一〇カ年総合戦略」を閣議決定。がん研究の向上が図られた。京都にある大学共同利用機関の国際日本文化研究センター設立でも、中曽根は積極的に関与したんだ。あの梅原猛が創設準備室室長として活躍し、今は名誉教授になっている。

もう一つ付け加えると、中曽根はロバート・ケネディを招いたのと同じ年、一九六二年にアメリカの南極観測基地、マクマードに視察に行ってるんだよ。その六年後に第九次越冬隊を率いて、日本人としては初めて南極点に到達した村山雅美隊長らと一緒に、アメリカに招かれている。

早野 えっ、何しに行ったの?

松田 視察。中曽根は最先端の科学技術に非常に関心があった。

早野 考えてみれば、そのころにはもう南極観測が始まっていたんだね。

松田 第一次が一九五六年。でも、六一年に出発した第六次隊のときに越冬せず、昭和基地を閉鎖して帰還した。以後、六四年までは派遣されず、打ち切られそうになっていたところを、中曽根が再開させようと尽力した。そのための視察だったと思う。もっとも『自省録』では宗谷にかわる船を作るためと、小型の原子炉を視察するためと書いているけれど。

早野　それは知らなかった。僕は子どものころからずっと、南極地域観測隊のニュースに興奮したものだよ。観測船の宗谷が氷原に閉じ込められて、ソ連のオビ号に救出されたり、基地に取り残された兄弟犬のタロ・ジロと一年後に奇跡の再会をしたり。新聞記事をスクラップしていたくらい夢中だったね。

いやぁ、懐かしいな。そうか、中曽根のおかげで今も南極地域観測が続けられているわけか。中曽根というのは社会や歴史を推進する大事な力を発揮したんだと、今になって再認識する思いだ。

松田　南極観測と直接関係はないけど、総理になってからの一九八六年には、伊豆大島の三原山噴火が発生した際、首相権限で南極観測船や海上保安庁の巡視船などを出動させ、島民全員を救出した、という功績も残している。

早野　そうだった。あのときは職権乱用だの何だのと相当反発を食らったが、まさに首相の英断として語り継がれるものだ。

松田　官房長の後藤田が指揮を執ってね。後に阪神・淡路大震災のときは村山総理の対応がまずくて、よく「三原山噴火のときは総理の英断があって……」と比較して、中曽根が再評価されたところもあったね。

ところで、角栄はどう？　南極にはあんまり関心がなかったかな。

早野　ないね。自民党の政調会長になって国会で質問するときも、しきりに「地域間格差を是正しなくてはいけない」といったことを問題にしていた。「農漁村にはまだ、裸足で登校する子供たちがいるんだ」などと言って。これなんだよ、角栄は。

松田　角栄と中曽根、そのへんの違いは非常に面白い。民衆の暮らしに軸足を置いた角栄と、最先端技術を通して近未来に目を向けた中曽根と、どちらがいい、悪いはなく、魅力的な国づくりをしようとしていた部分は共通するね。

角栄の「テレビ時代」、中曽根の「テレビ政治」

早野　角栄が初入閣したのは一九五七年。岸内閣で郵政大臣に就任した。このときはもう、自由民主党が結成されていた。吉田茂は一九四六年から七年の長期におよぶ安定政権を実現したが、さすがに飽きられたというか、人心が離れていった。

それにより政局が不安定になり、そのなかで保守合同が起こってきた。それが五五年の自民党結党につながる。角栄はその動きに関わるが、中曽根はあんまり賛成しなかったな。

松田　保守のなかでも選択肢はあってしかるべき、一本化すると、民主主義がおかしくなっちゃうんじゃないかと危惧していた。でも一方で、革新陣営も社会党を中心に一つにまとまっていく状況があったから、保守陣営も一つにならないと対抗できない。

早野　先の参院選で展開した「野党共闘」と同じ構図だね。民進党の候補者を共産党のドン・不破哲三が応援する、みたいなことだ。当時の自民党が革新勢力に対抗したように、今の野党はいつまでもバラバラだと自民党勢力に対抗できないと判断した。

松田　そういった保守合同の流れを受けて誕生したのが鳩山一郎内閣で、彼は自民党の初代総裁にも就任した。

早野　その鳩山のときには、日ソ国交回復がなされた。講和条約の後に残されたのがソ連と中国、韓国の問題で、鳩山が不自由な体をおしてモスクワに行ったことを覚えてる。

松田　そこから、戦後の未処理問題を解決していくプロセスが始まった。佐藤栄作内閣で日韓基本条約と沖縄返還、田中角栄内閣で日中国交正常化、といった具合に進んだね。

早野　さて、郵政大臣になった角栄はどうだったのか。当時、郵政省は麻布の狸穴《まみあな》にあって、赤レンガの古い建物に乗り込んだ角栄は、こう言った。

「私は新潟県柏崎の生まれで、まだ三九歳。未熟者であることは言うまでもない。しかし、先を見て、まあ、使い甲斐のある男だと思ってもらいたい。郵政事業はむろんまったくの素人であるから、何も抱負経綸といったものはないが、最終責任は私が取るから、みなさんはそれぞれ自分の仕事に責任をもって進めてほしい」と。

六二年、史上最年少四四歳で大蔵大臣に就任したときも同じような言い方をした。

松田「好きなように、思い切りやれ。責任は俺が取る」というのは、まさに理想の上司という感じだね。

早野　本当にそうだ。官僚の人心を掌握する技術を心得ていた、とも言える。

郵政大臣になったときに面白かったのは、仕事始めに屋上へ上がり、話題のテレビ塔、東京タワーを眺めたことだ。そこで「建築基準法違反で建設が途中でストップしている」ことを知る。それで「建築基準法は私がつくった。しかし、東京タワーはふつうの建物ではなく、広告塔だ。よって高さ制限の対象ではない」とし、建設が続行された。さらにテレビ免許を大量に交付し、テレビ時代のきっかけをつくった。

松田　当時はまだＮＨＫと、東京圏では日本テレビとＴＢＳくらいしかなかったっけ。確かに角栄はテレビ時代を到来させたと言える。でも、テレビ放送を政治に利用し始めたのは中曽根だよ。

早野　ああ、政治家のテレビ出演に当初は制約があったのに、中曽根は総理になって破ったんだった。日米貿易摩擦のときだな。

松田　官邸クラブに来て、「座ってしゃべる日本式ではなく、アメリカ式に立って話したい」と言ってきて。

早野　「メディアは邪魔だ、直接国民に語りかけたい」ということか。

松田　それをストレートに言っちゃったのが佐藤栄作。退陣記者会見で、「偏向的な新聞は大嫌い」と言って、新聞記者を邪魔者扱いした。

早野　「テレビはどこかね？」と言って、新聞の活字よりテレビを通して直接国民に訴えたいと主張した。そりゃあ、新聞記者は怒るよ。抗議したら「出て行け」と。

松田　そうそう。新聞記者はそのときの後遺症があるから、中曽根の「立ってしゃべりたい」という要求をはねつけた。それで今度は、横にフリップみたいなのを置いて、座ったましゃべった。

早野　官邸記者クラブって、意外と保守的だったんだな。

松田　中曽根は以前から、米国のルーズベルト大統領がラジオで国民に演説を届ける「炉辺談話」みたいなものを、テレビでやりたいと何度も言っていた。

早野　なるほど。テレビというインフラをつくったのは角栄で、そのインフラを政治に活用したのが中曽根、ということだ。

特定郵便局二万局——角栄の生活民主主義

早野　それと角栄は、郵政大臣のときには特定郵便局を全国に二万局つくった。ここを庶民の貯金を集める器にしようとしてね。庶民の貯金を公共投資に使えば、日本経済が飛躍するバネになるというわけだ。

松田　金を引っ張ってくる技術にかけては「天才」とも称すべき、いかにも角栄らしい発想だ。

早野　でも、これが一筋縄ではいかなくてね。特定郵便局はもともと、明治の初年に「郵便の父」と呼ばれる前島密が全国津々浦々に張り巡らせた郵便網だ。地方で人望のある人を郵便局長に任命したところがミソ。彼らに局舎を無料で提供させるかわりに「官」の身分を与えたんだ。しかも、長年勤めれば勲章がもらえるし、世襲させることも可能。前島は「地方人士の虚栄心を利用した」と書き残している。

松田　その当時は庶民の郵便貯金が戦争資金になったんだね。

早野　そう。だから、戦後になってGHQは特定郵便局を廃止した。また復活したけど、全逓（全逓信労働組合。二〇〇四年に「日本郵政公社労働組合」と名称を変更し、日本郵政公社の分割民営化にともない、二〇〇七年以降は日本郵政グループ労働組合が結成された）は特定郵便局を廃止したかったんだね。たぶん、封建時代の遺物のように感じていたんだろう。

松田　そこに角栄が「特定郵便局二万局拡大構想」をぶち上げた。全逓とは真逆の政策だ。そりゃあ、抵抗は大きいよ。

早野　そんなものは蹴散らすくらい、角栄は財政投融資の財源としての特定郵便局の存在を活用しなければ、という思いが強かったんだろう。日本が敗戦経済から自立経済、国際経済へとホップ、ステップ、ジャンプしていくには、特定郵便局の有する庶民の貯金がどうしても必要だった。

松田　大蔵省の集める税金だけでは足りないということだね。それにしても、いきなり二万局とは、話が大きい。

早野　そうなんだよ。最初は二〇〇〇局からスタートした。渋る大蔵省に対して、角栄は「君たちは郵政省に金集めさせるばかりで、（特定郵便局網を拡大させるための）予算について四の五の言う。もう君たちには頼まない。私が自分で決める」と啖呵を切った。大きな収入源を持つ郵政省は、さすが強気だったね。

松田　存続を認められた特定郵便局のほうは喜んだでしょう。それで、特定郵便局は自民党を支える集票組織になっていったわけだ。

早野　特定郵便局長は「一人一〇〇票」と言われる地域の顔だからね。角栄はそれを利用して、郵政省の高級官僚を参院全国区選挙で上位当選させ、田中派に所属させていった。衆院選挙区でも、郵政票をもらえる候補者は有利になるよね。結果、金丸信や小渕恵三、野中広務など、いわゆる郵政族の議員たちは、特定郵便局の利益のために頑張った。

松田　こうして、角栄の郵政相時代にテレビ局も郵便局もどかんと増えて、その後も通信網がどんどん拡大していく。これも「生活民主主義」を象徴する功績でしょう。

早野　もっとも、郵便局は小泉の民営化でつぶされちゃった。まだ首相になる前の小泉に、僕は聞いたことがあるんだよ。「あなたがしきりに主張する構造改革って何なのか」と。そうしたら、はっきりこんなふうに答えた。「構造とは、田中角栄がつくった政治構造のことだよ。郵政にしろ、道路にしろ、田中角栄が利益を吸い上げる仕組みに仕上げて以来の体制がある。それを変えるんだ」と。

松田　小泉はまさに〝角栄つぶし〟に挑んだんだね。

早野　郵政民営化の是非を問う衆院選挙が行われたのは二〇〇五年のことだから、角栄は郵政相時代、まさか約五十年後につぶされることなど露思わなかったろう。気分良く、〝この世の春〟を楽しんでいたと思う。

蔵相抜擢は「自民党のヌーベルバーグ」

早野　東京都は今、二〇二〇年のオリンピックに向けて、すったもんだを続けている。メイン会場である新国立競技場の整備計画やエンブレムの白紙撤回とか、ボート会場を見直すとか、いろんな問題が持ち上がっている。

前回、一九六四年の東京五輪をジャンピングボードに驚異的な発展を遂げた東京都だが、今回はこれから創造するべき新たな東京、ひいては日本の姿を模索しているようにも映る。

都知事の小池百合子はなかなかのリーダーになったなと思うが、五〇年ほど前の最初の東京オリンピックを引っ張った河野一郎も大した傑物だった。河野洋平のお父さんであり、河野太郎のおじいちゃんでもある彼は、建設大臣として、またオリンピック担当の国務大臣として、道路や施設の整備に辣腕《らつわん》をふるった。それで羽田空港と首都を結ぶ高速道路ができ、東海道新幹線が開通した。

松田　東京が渇水に襲われそうだというので、利権が複雑に絡む水利権をうまく調整して、武蔵水路も整備された。そこの水を東京に引っ張ってくるというシステムもでき上がった。

昔の記録映画を見ると、開通式では必ず河野がテープカットする映像が出てくるね。でも、官僚システムの枠を超えて、めちゃくちゃなこともやった。工事で道路渋滞が頻発すると、警察官僚を建設省幹部クラスに送り込み、河野の命令一下、断行できる体制を敷いた。そういう河野の一面を引き継いだのが角栄だ。
互いに大衆人気は強く、即断即決型の政治を目指した。田中政治は官僚に依存する面が強かったが、河野はあくまで反骨的政治家だったね。この政治気質が総理の道を遠のけた。

早野　このころ、角栄は、ようやく大蔵大臣に登用されたんだったね。この経緯がちょっと面白い。角栄の著書『大臣日記』（新潟日報事業社）によると、内閣改造を前に池田首相は自民党の三役——幹事長の前尾繁三郎、官房長官の大平正芳、政調会長の田中角栄を私邸に呼び、「君たち三人で、幹事長、外務大臣、大蔵大臣をやれよ」と言ったそうだ。これには角栄もびっくりしたという。

そして、前尾が「大蔵省出身の大平や僕が大蔵大臣になることは適当でない」と言って、角栄が大蔵大臣になった。前尾が幹事長留任、大平が外務大臣だ。角栄は「もっといいのがありそうなものにネ」と言ったとか。しかし、このあたりは話が食い違っているところもある。池田は最初は、「田中蔵相案」に「あんな車夫馬丁の類には大蔵大臣は務まらん」と機嫌が悪かったというのだが、一体、真相はどうだったか。でも、当時『東京タイムス』の記者をやっていた早坂茂三がこの抜擢人事を「自民党のヌーベルバーグ」という見出しで報じたのは慧眼だった、と思うけどね。

松田　「世代交代」の波がやってきそうだと感じたね。

早野　話を戻そう。角栄は総理になって『日本列島改造論』を掲げ、河野一郎がやったことを全国的に発展させることになる。

松田 そういう意味では、東京オリンピックは〝角栄的なるもの〟を発展させる前哨戦でもあった。

早野 中曽根は、オリンピックを主導した河野の子分だったでしょ。政治的体質はあんまり受け継いでいないような気がする。むしろ角栄のほうが近い。

松田 いや、この当時はまだパワー不足だったけど、総理になってからの中曽根を見ると〝河野的なるもの〟を感じる。人情に配慮した人事とか、権限を行使する際の胆力とか、自分とは異なる考え方を広い視野で受け入れていく認容性とかにね。

早野 それにしてもあのときの東京オリンピックは日本にとって、非常に大きな歴史的イベントだった。日本という国家を完璧に整備していく、高速道路や新幹線を含めて近代国家をつくっていくことが目標でもあった。

松田 現実に、オリンピックを境にして、東京は近代都市に造りかえられて、それを構成したさまざまな要素がモデルケースになって、全国に波及していった。

早野 ただ、近代化一辺倒では、地域の個性とか、多様な価値観などが失われていく。「成長一本」という施策の陰で、地方の多くの町を〝東京化〟させるということにもなった。いい意味で残しておいたほうがいい「地域の色」が薄れていったね。

松田 まさにその通り。角栄が先取りして取り組んできた、斬新にして先進的な国家像は、東京にはフィットしたが、地方が同じことをやろうとしてもいまひとつそぐわない。日本中どこに行っても、銀座がある、みたいな。そこはちょっと、角栄がもたらしたマイナス要因と言えなくもない。「地域間格差をなくそう」という思いが、皮肉にも地方の活力をそぐ方向でも働いてしまった。

早野　最近になって「地方の時代」ということが盛んに叫ばれ、いい方向に変わっていきそうな気配はあるけどね。

松田　後で振り返ったときに、意義があったと言えるものにしてほしいね。

さて、二回目となる二〇二〇年の東京オリンピックは日本をどう変えていくのか、小池百合子都知事の手腕を見守りたい。

中曽根「風見鶏」のはじまり

早野　河野はしかし、池田勇人の次代を担う総理大臣にはなれなかった。本人は自分がなると思っていただろうけど、病に倒れた池田が推したのは佐藤栄作だった。

池田は東京オリンピックの閉会式の翌日に退陣表明をしたんだよね。開会式の日、一〇月一〇日は、前日までの土砂降りは何だったんだって思うくらいの快晴で。あの日の青空、今もよく覚えているよ。

松田　過去のデータから、晴天になる確率が一番高い日を開会式に設定したんだよ。池田はその開会式の前に、「ガンじゃないけど、ガンらしきものになった」と公表した。「前ガン症状」っていう造語を使って。

早野　で、佐藤内閣ができた翌年に、河野は言ってみれば憤死したんだな。自派閥の中曽根、稲葉修、櫻内義雄、山中貞則らと会食した二日後に、腹部動脈瘤が破裂して急死したという。その後を受けて、中曽根派ができたでしょ。

松田　実は河野と中曽根では当時、政治家としての肌合いが違いすぎた。
中曽根は、河野派はややもするとアカデミズムを失い、義理と人情が先行して、政策や理論が閉却される危険があったから、河野にはスキンシップで溶かされまいとしたと言っている。
たとえば朝、河野邸に赴くと、決まって家族と一緒の朝食に誘われたが、中曽根は「応接間でお待ちします」と答えて、意図的に一定の距離を置いたというんだ。河野も河野で、中曽根のことを杓子定規で、溶けこめないところがあると思っていたようだ。
だけど、池田政権成立時に河野が企てた「河野新党」に、幹事長にするから加わるよう河野から要請を受けると、応諾する。中曽根は論客として台頭し、河野派を継承していくんだ。中曽根が派閥の領袖になれた要因の一つでしょう。

早野　そんなこともあってか、中曽根は佐藤内閣で運輸大臣になった。それまでは反吉田であり反池田——要するに反主流だったが、入閣したということは主流に与《くみ》するということだったのか。

松田　主流に入りながらも、「非」主流というか……「声が届かないところで叫んでもしょうがない」ということだろうね。この変身ぶりが〝風見鶏呼ばわり〟される由来となった。

それでも中曽根が夜、佐藤邸を訪ねると、佐藤は羽織袴姿で出迎え、入閣を要請したと聞いた。

早野　そんなことがあったの？　一方、角栄は佐藤内閣では大蔵大臣を続投した後、証券不況の煽りを食った山一證券に、戦後日本で初めて日銀特融を行ったりした。本来、国は私企業の救済に関わるべきではない。山一と取引のある市中銀行が融資をして助けるべきだった。でも、山一の経営不振が報じられると、山一のみならず他の証券会社にも投資信託や運用預かりの解約を求める行列ができはじめ、そのままでは証券不況に広がりかねない状況になった。それで、角栄は日銀特融によって市場の動揺を抑えようと決意した。

松田　後に「氷川寮の密談」として有名になった会合ね。市中銀行の頭取らを集めて行われた。

早野　日銀特融といっても、日銀単独ではできないからね。でも、市中銀行にしてみれば、無条件の融資に「はい、そうですか」とすぐに応じるわけにもいかない。自分の銀行の経営が危うくなるかもしれないんだから。実際、「二、三日、証券市場を閉めて、様子を見たらどうか」など、及び腰の発言もあったが、角栄が一喝した。「お前はそれでも銀行の頭取か」と。

角栄のこういうところには、役人のレベルを超えた決断力を感じる。宮澤喜一は首相になってバブル崩壊により株価が急落するという同じような局面に立たされたとき、市中銀行の不良債権処理のために公的資金を投入することを考えながらも、挫けちゃったからね。

後に宮澤から、「大蔵官僚の腰が重くて」という述懐を聞いた。

松田　角栄のようには一喝できなかったんだな。

早野　そういうことだ。それと、佐藤内閣で特記するべきことの一つは、日韓基本条約の締結だ。「朝鮮半島は南北に分かれているから、韓国とだけ和平を結ぶのはおかしい」と野党が反発。幹事長の角栄が陣頭指揮をして、強行採決に次ぐ強行採決で突破した。

松田　僕はこのとき、初めてデモに参加した。

早野　僕もだ。「日韓条約、反対！」ってやったよ。今思えば、角栄がその向こうにいたんだな。学生の身では、自民党の幹事長がどう立ち回っているかまではわからなかったけど。

松田　それと、沖縄返還。角栄も、首相として戦後初めて沖縄を訪問した佐藤に同行したでしょ？

早野　一九六五年のことだね。自民党幹事長だった。ある程度、角栄は佐藤に認められていたんだろう。それにしても佐藤栄作って、タカ派かと思いきや、非核三原則とか言い出す。そうなると、「日米安保体制と非核三原則の矛盾をどうするんだ。核を搭載したアメリカの軍艦は日本に入るとき、核を降ろすのか」という議論になる。

おまけに「有事の場合は、沖縄への核持ち込みを事実上認める」という密約まで交わしていたなんて……。アメリカへの密使を務めた若泉敬が一九九四年に発表した『他策ナカリシヲ信ゼムト欲ス』で暴露していて、「こういうことが民主主義で起こりうるのか」と驚いたよ。

松田　密約は批判されてしかるべきだが、冷戦状況のなかで「沖縄返還」と「核持ち込み」を両立させるのは極めて難しい問題だった。

今、「核兵器のない世界を実現する」と訴えているオバマだって、同じようなジレンマに陥っている。オバマは、核保有国が他国から核攻撃を受ける前に先に核兵器を使わないという「先制不使用」を何とか決めたいけど、国内はもとより、日本、韓国、イギリス、フランスなどからも反対の声が上がっている。『ワシントン・ポスト』は八月一五日付の記事で、安倍総理がハリス米太平洋軍司令官に反対の意向を伝えたと報じているね。北朝鮮に対する抑止力が弱くなるって。安倍本人は否定してるけど。

早野　北朝鮮は最近、すごい勢いで弾道ミサイルの発射実験をやってるからね。

松田　そうなんだよ、あれが、安倍にとっては、一番の追い風だよ。日本を再軍備に向かわせようと仕向けているとも受け取れるね。

早野　確かにそうだ。

第三章

「国土」の角栄、「国家」の中曽根

波乱のスタートだった田中内閣。左から中曽根通産相、三木武夫国務相、角栄、大平正芳外相（上／1972年7月7日）
自民党総裁に選出され、万歳三唱する（1972年7月5日）

「防衛を知らなければリーダーになれない」――総理の条件

早野　佐藤内閣は一九六四年一一月九日から七二年七月七日まで、何と七年八カ月におよぶ長期政権を実現した。この間、次を狙っていたのは三木武夫、田中角栄、大平正芳、福田赳夫の四人。いわゆる「三角大福時代」の始まりだ。

松田　湊徹郎っていう福島出身の衆議院議員がいてね。渡辺美智雄とか中川一郎の農政における師匠みたいな人で、彼が「大福の餡にまじって……」っていう狂歌をつくったことが、「三角大福」と呼ばれるようになった発端らしい。

もう一つ、参議院のドンと呼ばれた重宗雄三が、彼の地盤だった山口県柳井市の「三角《みかど》餅」という銘菓をヒントに造語した、という説もある。

早野　後で中曽根が加わって「三角大福中」と呼ばれるようになったんだね。

松田　「中」が入ったのは後になる。

早野　毎日新聞がくっつけたの？　担当記者の松田さんが先んじて。

松田　やってないよ。中曽根は当時はまだ派閥ができてほどなくて、ポスト佐藤を目指す領袖とは認識されていなかったと思う。規模は小さいし。

あと、角栄がよく「総理・総裁を目指すなら、党三役では幹事長と、あともう一つやれ。閣内においては大蔵、通産、外務のうち、最低二つはやれ」と言っていて。

早野　自分はやってるからな。

松田　そう、ポスト佐藤で総裁選に立候補した三木も大平も福田も、みんなやってる。その意味では中曽根にはまだ総理・総裁に名乗りをあげる資格もなかったといえる。

早野　党三役で言えば、佐藤内閣で総務会長をやったけど、ようやく幹事長になったのは三木内閣のときだし。重要閣僚としては田中内閣で通産大臣をやっているが。

松田　岸内閣で科学技術庁長官、佐藤内閣で運輸大臣と防衛庁長官をやっただけだから、キャリアとしてはかなり弱い。本人も自覚していたと思う。

早野　防衛庁長官には自分から手を挙げたんでしょう？「自主防衛五原則」なるものも打ち出した。

松田　そう、「憲法を守り国土防衛に徹する」「防衛と外交を一体化し、かつ諸々の国策との間に調和を保つ」「非核三原則を維持する」「文民統制を全うする」「わが国の防衛力を日米安全保障体制によって補完する」という五つの原則ね。

中曽根にはもともと、国を治めるうえで防衛が非常に重要だという認識がある。後に、山崎拓や加藤紘一など、後進の若手にも「防衛を知らなければ、これからの日本のリーダーにはなれない」と、折を見ては説教していた。実際、自分が組閣したときには、加藤を二期連続で防衛庁長官に任命しているし、山崎も〝防衛族〟のボスであり、論客としての存在感を示した。

自民党内の力学というのがあって、防衛庁長官にはハト派を登用するのがいいとされている部分もあるね。「柔能く剛を制す」じゃあないけど、軍部の台頭を許した戦前の教訓から、自衛隊が暴走しないためにはタカ派よりハト派のほうが適任だという。

さらに言えば、加藤の奥さんが中曽根と同じ群馬県高崎の出身だったというのも影響されたかもしれない。だからと言って、加藤が中曽根に感謝しているわけではないようだが。

早野　なるほど。あのときは「加藤が防衛庁長官？」とちょっと驚いたけど、中曽根は将来のリーダーの素養として必要だと、目をかけていた加藤をその任に当てたのかな。

松田　そうだと思うよ。

スジより金で解決した日米繊維交渉

早野　角栄は佐藤内閣の最後のほうで通産大臣になった。で、日米繊維摩擦を片付けた。

佐藤はニクソンから繊維の対米輸出を規制するよう激しく迫られて困っていた。通産大臣を大平から知米派で経済通の宮澤喜一に代えても、いっこうに解決できない。それで田中角栄を起用し、角栄は最終的に金で解決した。輸出規制で余ってしまう繊維を政府が買い取るという形でね。

最初は「貿易の自由原則を教えてくれたのはアメリカだ。日本は確かに繊維貿易では黒字だが、だからといって規制を求めるのはおかしい」と〝スジ論〟でいったものの、うまくいかなかった。しょせんは「通産官僚の書いたシナリオ」と言うべきか、交渉から帰国した角栄は「これはスジ論だけではダメだ」と感じたらしい。

とにかくアメリカは強気で、角栄が帰国した直後に、「日本が繊維輸出制限をできないなら、アメリカ側から輸入制限をかける」とまで言ってきた。でも、日本が輸出制限をしても、アメリカが輸入制限をしても、結果は同じ。困るのは日本の繊維業者だ。在庫の山を抱えることになる。

そういうときに金で始末したのはいかにも角栄らしい。と言っても、角栄が見積もった経費はざっと二〇〇〇億円。通産省の予算が数千億円レベルなのに、繊維業界にそんな巨額の予算を振り分けられるはずもない。

しかし、角栄はやってのけた。水田大蔵大臣に「総理も了承しているから、二〇〇〇億円出してくれよ」と吹っかけ、さらに自分の名刺の裏に「二〇〇〇億円よろしく頼む」と書いて、大蔵省の主計官に届けさせた。

当時、大臣秘書官を務め、後に角栄の総理秘書官になった小長啓一は、このときの角栄の行動を間近に見ていて、「どうすれば官僚が動くかをよく知っている」と非常に感心したという。角栄のことを話すときはいつもこのエピソードを持ち出すくらいだ。

松田　いわば「角栄の思い出話の十八番」だね。あと、「ナワとイトの交換」みたいな話も伝わっているよね。

早野　ああ、アメリカ政府が沖縄を日本に返還するかわりに、日本政府に繊維規制に同意するように求めた、って話ね。真相はわからないが、角栄は後に「沖縄返還は決まっていたのだから、私がナワとイトを取り換えっこしたわけじゃないんだ。しかしね、ナワとイトを交換できるものならば、それはするべきだな」と回想している。ニクソンが外交と利権を絡ませ、角栄が応えた、ということはありうる。

ある意味では、ニクソンと角栄には外交の節操というものがなく、それがロッキード事件につながっていたようにも思えるな。

松田　当時、「糸を売って縄を買う」とか「絡んだ糸が縄になる」といったことが皮肉まじりに揶揄されたが、あながち冗談とも言い切れないね。

それと、日米繊維協定のための〝了解覚書〟に仮調印したときは、国内の繊維産地は「内閣打倒!」とすごいデモを繰り広げたよね。衆参両院に「田中角栄通産大臣不信任決議案」が出されもした。

早野　それは想定内だったのかな。角栄は早晩、繊維産業は落ち着くと見通したんじゃないだろうか。

表で批判されるなか、再び繊維輸出を回復させてはいけないと、「業者には繊維を倉庫にしまわせるな。全部壊せ」と指示している。すごい念の入れようだったね。

松田　表向きは反対している繊維業者も、応分の、もしくはそれ以上の金をもらえるなら、納得するとわかっていたんだな。

早野　そういうことだね。ただ角栄を通産大臣にしたのは、佐藤としては退陣後の政権を福田に禅譲したかったからだろう。角栄を内閣に閉じ込めて、総裁選レースに向けての活動をやりにくくする目的があったと思う。

実際、角栄は一九七一年六月の参院選で自民党が退潮したとき、幹事長を辞めるつもりだったようだ。表向きは「選挙の責任を取って」ということだが、「無役になってポスト佐藤の総裁選に向けて活動したい」のが本音だったと思う。

松田　ところが、佐藤は角栄の辞意の申し出を却下して、通産大臣を申し付けたと。確かに、福田への禅譲を万全にする目的があったね、それは。

「戦術」の角栄、「戦略」の中曽根

松田　でも、通産大臣をやりながらも、角栄はまんまと総理への伏線を敷いていたんだよ。アメリカでポイントを稼いだっていうかな。

早野　日米首脳会談に、佐藤総理に随行してアメリカに行ったときのこと？

松田　そう、一九七二年の年明け早々にカリフォルニア州・サンクレメンテで開かれた会談。田中は外務大臣でもないので、本来ならついていく筋でもない。でも角栄としては、アメリカに自分を売り込む絶好の機会だと考えたんだろう。

同行したメンバーの一人で、当時、自民党の機関紙局長だった佐藤文生によると、「昼食会で角栄に席を横取りされた」そうだ。

席は前もって決められていて、第一テーブルはアメリカ側がニクソン大統領、ロジャーズ国務長官、キッシンジャー特別補佐官、日本側が佐藤総理、福田外務大臣、牛場信彦駐米大使、佐藤文生だった。角栄は第三テーブルで、スタンズ商務長官、ケネディ特使らと同席することになっていた。

それなのに、文生が遅れて会場に到着すると、自分が座るはずの席にちゃっかり角栄が座って、ニクソンの隣で談笑していたんだね。

岩見隆夫さんの『田中角栄　政治の天才』（学陽書房）によると、どうやら昼食会場に向かうとき、ニクソンが自ら運転するゴルフカートに佐藤を乗せたところを見るや、角栄はそこに割り込んだらしい。だから、会場へは日米両首脳とともに一番乗り。角栄より遅れて到着した福田は驚いたようだ。

で、文生は角栄が座っている席に確かに自分のネームプレートがあることを確認して、「大臣、お席が……」と言った。そうしたら、角栄は「わかってる。一生恩に着る」と言ったって。

文生は「あれは一種の謎だ」と言うけど、角栄はきっとアメリカに「次の総理は私ですよ」と印象付けようとしたのだと思う。作戦だよ。ニクソンが自分に対して良い心証を持ってくれれば、ライバルの福田と力関係で上になれるうえに、佐藤栄作の力を弱めることもできるから。

佐藤にしたって、あのときはニクソンに福田を、次に田中を紹介しようと思っていたのに、いつの間にか角栄がメインの席になっていて、福田がサブ。これも自分が総理になるための布石を打っていたのかな。

早野　なるほど。でも、キッシンジャーは角栄に対する評価が非常に低い。理屈過剰気味の彼には、おそらく〝角栄言語〟が理解できないんじゃなかったのだろうか。

松田　キッシンジャーはユダヤ系米国人で、ドイツでナチスの迫害を受けてアメリカに亡命し、政府高官にまで上り詰めた人だから、角栄のことはなかなか理解できなかったと思う。理念や概念、哲学といったものが、その人物を象徴すると考えていただろうから。

早野　そこは小学校しか出ていないというハンデかなぁ。ハーバードを出ているのとは違うわけだ。角栄は国家とか世界という枠組みを概念で語ったりしないから。キッシンジャーは中曽根のことは気に入っていたでしょ？

松田　中曽根は若い頃、キッシンジャーが教えていたハーバードのビジネススクールに短期留学していたこともあって、親しかった。それもプラスに働いたと思う。

早野　僕からすれば、「角栄は思想を語らないかもしれないが、キッシンジャーには見えない人民が見えている」というふうに言いたいところだな。

松田　そのあたりは、角栄と中曽根の違いにも通じることで、中曽根は戦略を持っているが、戦術を知らない感じがする。逆に、角栄は戦術に長けているが、戦略がない。

早野　なるほど。中曽根には確かに、日本という国はどうあるべきかを突き詰め、遠大な計画を立てるのは得意だ。

松田　そう、でも具体的な戦術がないから、足元が固められない部分があるんだよ。

中曽根が福田ではなく角栄を支持した理由

松田　ポスト佐藤の総裁選レースは、なかなかの役者が揃ったね。

早野　長い佐藤政権の間に、三角大福それぞれが政治家としての力量を増していた。「角福戦争」と呼ばれたように、二大勢力は角栄と福田の二つ。大雑把に言うと、田中角栄の側に立ったのは、自民党のなかでも土着の党人派。一方、福田を推したのは官僚派閥。とはいえ、角栄も福田も佐藤栄作の右腕であり、左腕であったわけで、どうしてあんなに激しく対立したんだろう？

松田　生い立ちが多少あるかな。佐藤は官僚出のエリートだから、福田のほうによりシンパシーを感じていたのかもしれない。

早野　それはあるね、きっと。今思い返すと、角栄側が「体制をやっつけて、俺たちが権力を握るんだ！」と熱くなったレースだったような気がする。

松田　角栄は土着派のシンボリックな存在だった。〝土着色〟が一番強く、無学歴というハンデを背負っていて、そこに金とか権力というものが露骨に出てくるところがあったね。

早野　大平もどちらかと言うと土着派だ。自らを「讃岐の貧農の倅」と称しているように、香川の貧しい農家に生まれ育った。それでも親が「何とか中学まで行かせてやりたい」と進学させてやったんだね。さらに東京商科大学（現・一橋大学）に進み、大蔵省に入省し

総裁選への立候補を正式表明する日の朝、自宅の庭で笑顔（1972年6月21日）

た。そこで池田勇人に見込まれて、政界に出てきた。
経歴的には違うが、角栄と似ているところはあるな。「物心ついてから、洟《はな》でピカピカ光っている着物を着て、稲藁で作ったぞうりをはき、一汁一菜に麦飯を食べて育った。鮮魚にありつくのは祝祭日の日ぐらいで、たまに食膳に見かけるのは鰯や鯖の干物だった」なんて思い出話をしているあたり、角栄の幼少期に重なる。

松田 大平は最後まで、角栄と盟友関係が切れなかった人でもある。

早野 そうそう、自分のほうが八つも年上なのに、角栄のことを「兄貴」と呼んで、本当に仲が良かった。
ぼくは角栄に何度か「大平という人物をどう見ているか」と尋ねたことがある。印象的だったのは、「記者たちは『大平のしゃべり方はアーウーで鈍牛だ』なんて言うがね、アーウーを省けば見事な文語文になっているんだぜ。君らの話を文章にしてみろ。話があちこちに飛んで、火星人のように何をしゃべっているかわからんぞ」という話。
また「大平は大平、あれでいいんだ。大平は政治哲学、私は現実政治。俺はそう言って、大平をちゃんと立てているんだ。大平は讃岐の糠漬けだよ。かみしめると、ほのかに甘い味がしてくるんだね」とも言っていた。人間的に信頼しているんだと感じたね。

松田 大平は亡くなってから見直される部分が非常に多くて、今でも大平を慕う人は多い。面白いことに、この間、民進党の総裁選に出た玉木雄一郎が、大平の地盤を受け継いでいる。
それから、香川一区というのは、かつて社会党の委員長だった成田知巳を出したところでもある。

早野　立派な人だったね。東京帝大を出て、三井鉱山に入社し、三井化学で管理職を務めた経歴を持つ、エリート中のエリートだ。

松田　その成田が社会党で、貧農出の大平が自民党。「出身階層と所属政党が逆じゃないの？」という感じで、ユニークな選挙区だったよ。戦後政治のダイナミズムを感じさせる。

早野　だから、自民党は強かった、とも言える。上層部から底辺まで手がおよぶ政治っていうかな。

　それと「三角大福」のあと二人、福田は前に触れたように中産階級だが、バリバリのエリート経歴を誇る。三木は徳島に生まれて、明治大学を卒業し、アメリカ留学経験もある政客といったところだ。

　個性的な候補が揃ったという意味でも、〝三角大福・総裁選レース〟は面白かった。

松田　中曽根が自分も含めてよく、「三角大福中には、誰も二世がいない」と言っていた。今ほどではないけど、当時も二世議員はたくさんいたからね。自力で這い上がってきたことは、彼らの誇りでもあったかもしれない。

早野　そう言えば、中曽根はどうして角栄を支持したんだろう？　どんどん出世していく角栄を妬んでいただろうから、福田を応援しても不思議はない。福田とは同郷でもあるし。松田さんも群馬出身だから、よく知ってるでしょう？

松田　同郷ゆえ、というのがある。当時は中選挙区で、社会党が弱かったこともあって、自民党同士が地元政治の主導権争いになる。特に高崎市内の商店街などは選挙になると中曽根派と福田派と、真っ二つに割れる。〝相手方〟の系列店には出入りしないとか。そういう状況のなかで、中曽根が福田と手を結ぶのは厳しい選択だったね。

早野　つまり、庶民レベルでの対立形式があったのか。

松田　しかも、後に首相になった小渕恵三が出てくるまでは、第三勢力みたいな存在が薄く、福中の二大決戦になっていた。

早野　中曽根には、大平や三木という選択肢も……。

松田　ない。大平はもっとも遠い存在だったかもしれない。三木とは長いつき合いがあったけど、そこは自分が総理を狙っていくにはどうすればいいか、という計算があったと思う。田中が総理になったら、福田は次の芽がなくなるかもしれないが、自分が一緒にページをめくられることはない。そういう計算は働いたと思う。

早野　そして、レースの結果は、第一回投票が角栄一五六票、福田一五〇票、大平一〇一票、三木六九票。いずれも過半数に達しなかったので、文字通り「角福決戦」になって、第二回投票が角栄二八二票、福田一九〇票。圧勝をもって、晴れて一九七二年七月七日、角栄が総理に就任した。田中内閣の誕生だ。

日中国交正常化の裏側――竹入メモと池田大作の確執

早野　総理になった角栄にとって、最初の大きな課題は「日中国交正常化」だった。日本が一九四五年に戦争に負けて、二七年も経っているのに、中国とはまだ戦争状態が続いていたわけだ。今からはとても考えられないような……。

でも、中国側の事情もあった。中国と台湾が内戦していたからね。蔣介石の一派が台湾に追い出され、日本は吉田茂も福田赳夫も「台湾との関係が、日中の正当な国交である」という姿勢を守り続けていた。それをひっくり返すのが「日中国交正常化」。つまり、台湾と断交することになる。

この時、自民党副総裁の椎名悦三郎が台湾まで行って詫びを入れているが、もちろん蔣介石は怒り心頭だよ。台湾の蔣介石か、中国の毛沢東・周恩来か——角福戦争の裏には、そういう対立もあった。

松田　日中国交正常化に向けて動く自民党議員は、党内ではいわばアウトサイダー的な存在だった。逆に野党は「台湾ではなく中国」という考え方だから、社会党も公明党もこぞって中国とコミットメントして、先兵役を務めている。

早野　なかんずく活躍したのは、公明党委員長の竹入義勝だ。角栄が訪中する前に自分たちが周恩来と会ったときの話——国交回復への中国側の見解をまとめた「竹入メモ」というものを渡して、これが役立った。

松田　そう、これが大きい。角栄も「竹入メモ」が最後の決め手となり、中国との国交正常化を決断したと言っても過言ではない。

角栄のなかには、自民党であろうと、公明党であろうと、日本国を代表して行政に取り組んでいる政党だという意識がある。だからだろう、「竹入メモ」を読む前に「これ、本当だろうな」と聞くかわりに、「お前、日本人だろ」と聞いた。竹入はきっぱり「日本人だ。裏切るわけがない」と言って、角栄は安心したという。

そうして「竹入メモ」を読み、大平外相を呼んで外務省に中身を検討させて「これはいける」と判断したようだ。

早野　「竹入メモ」にはつまり、北京を中国唯一の政府として認め、台湾は中国の領土であるとし、戦争状態を終結させる。と同時に、「日本人民も中国人民も日本軍国主義の犠牲者である」という見地から、中国は賠償請求権を放棄した、という道筋が示されていたということね。

松田　ちょっと「竹入メモ」の裏話をすると、このときのことが竹入と池田大作・創価学会名誉会長との間に確執が生まれたタネとも伝えられている。

早野　どういうこと？　面白いじゃない。

松田　実は「日中国交正常化に向けて動け」と竹入に指示したのは池田さんなんですよ。彼が火をつけたのは間違いない。それで、水面下で動いていた人たちを紹介した。それを契機に竹入は人脈をつくっていった。

でも、政治の世界では、いくら創価学会の会長でも、池田さんは一民間人、民間の宗教団体のトップに過ぎない。「池田メモ」というわけにはいかないじゃない。

日中国交問題で
大平正芳外相（左）
竹入義勝公明党委員長（右）と
会談する角栄
（1972年8月4日）

今も日中国交正常化の歴史をひもとけば、まず出てくるのは「竹入メモ」ってなっちゃうからね。学会内部から「弟子のお前だけが何で功労者のように伝えられるんだ」という批判が起きたことを公明党幹部から聞いたことがある。

早野　やっかみの世界だからな、政治は。池田さんは「池田メモ」にしてほしかったのかもしれないけど。

松田　竹入という野党第二党の党首がやったからこそ意味がある。ただ、それが遠因となり、竹入と池田さんの関係にヒビが入ったとも言われている。

「角サンはイヤイヤやったんだ」

早野　あと、中曽根の『自省録』には、日中国交正常化は中曽根が角栄に提案してやらせた、というようなことが書いてある。角サンはイヤイヤやったんだと。

松田　中曽根は松村謙三や高碕達之助ら、日中国交正常化に前向きな人たちと人間関係があった。それで、角栄を総裁選で推すときに日中国交正常化を交換条件にした。竹入から聞いた話だと、角栄はなかなかOKしない、ということだったね。

早野　日中国交正常化は戦後に一区切りつける重大な外交だから、単純に「やるぞ！」とはならなかったんじゃないかと、田中びいきの僕なんかは解釈するんだが。中曽根にやれと言われてやった、というのは違和感がある。

中国に発つ角栄らを
羽田空港で見送る
中曽根通産相
（1972年9月25日）

松田　まぁ、それはね。でも、総裁選で角福の一騎打ちになったときに、大平・三木・中曽根の三派が田中を推す条件というか、合意事項の一つに、日中国交正常化を加えていたのは事実でしょう。それは逆に、「福田包囲網」でもあった。

早野　福田は佐藤栄作を踏襲して、派内に親台湾派が多かったからね。

松田　その前に外務大臣をやっていたときから、そうだった。そのまま佐藤政権の外交政策を継承すると思われていたが、本人は必ずしもそうではない。

早野　磊落な人柄で、目を三角にしたタカ派ではない。それは、僕らも直接彼と接してきてわかるところではある。しいて言うなら、「観念としてのタカ派」かな。

松田　そういえば、息子の福田康夫元首相が「うちの親父はそんなにタカ派ではない。そう言っているのはたぶん宏池会だ」とカンカンに怒っていたことがある。

早野さんはよくご存じだけど、一応説明しておくと、宏池会というのは池田勇人が創設したハト派の派閥で、鈴木善幸、大平正芳、宮澤喜一と四人の総理・総裁を輩出している。野党時代には河野洋平、谷垣禎一が自民党総裁を務めた。いわゆる名門派閥で、現在は岸田文雄外務大臣を会長とする岸田派に引き継がれている。福田派はタカ派と認識されているから、ハト派の宏池会系にとってはいわばライバルだ。それでことさらにタカ派を強調して、福田赳夫を牽制した、というふうに康夫は感じたのかもしれない。

そういうこともあって、康夫は「親父は東南アジアに対して覇権国家にならないと言っているし、福田ドクトリン（東南アジアを歴訪した際に、フィリピン・マニラで表明した東南アジア外交三原則）をつくったのも親父だ。それなのに、どうしてタカ派と言われるのかわからない」と言っていた。

早野　「日本は軍事大国にならずに世界の平和と繁栄に貢献する、ＡＳＥＡＮ（東南アジア諸国連合）各国と信頼関係を構築する、日本は対等なパートナーであるＡＳＥＡＮ諸国の平和と繁栄に寄与する」っていう、あの三原則ね。たしかに、東南アジア外交はしっかりやっていたと思う。

それに、日中国交正常化には抵抗したが、後に日中平和友好条約をつくったのは福田だからね。タカ派・ハト派というのとは違う。

松田　逆に言うと、福田はタカ派と見られていたからこそ、自らの政権下で日中平和友好条約を締結できたともいえる。タカ派を抑えられるのはタカ派、という政治力学で。

ロッキード事件の萌芽

早野　日中国交正常化の七カ月ほど前、一九七二年二月二一日にニクソンが中国を訪問して、毛沢東・周恩来と会談した。だから「それじゃあ、日本も」という流れはあった。

松田　佐藤栄作は台湾寄りの姿勢を明確にしていたから、その直系である角栄がひらりと中国に乗り換えるのは、かなり勇気がいったと思う。

早野　でも、ニクソンとキッシンジャーが角栄を、「日本も中国と国交を開け」とばかりに、いびるんだな。そのときはまだ通産大臣だった角栄は、アメリカの訪中一カ月後、衆院予算委員会でこう述べている。

「私は中国大陸に対しては、やはり大きな迷惑をかけたという表現を絶えずしております。やはり日中国交正常化の第一番目に、たいへんご迷惑をかけました、そして、心からおわびしますという気持ちが大前提になければならない」と。

それで、角栄は総理に就任してすぐ、八月三一日にハワイに飛んだ。

松田　ニクソンに会って、「アメリカとともに味方をしてきた台湾と外交関係を断ち、日中国交正常化に踏み切る」と伝えて仁義を切ったわけだ。

その首脳会談のときに、なんとニクソンからトライスターの話が出ている。日本が導入することを希望するという。

早野　そうだ、ロッキード事件は田中内閣が発足したのと同時進行だった。当時、丸紅の社長だった檜山廣が田中邸を訪れて、「日本の航空会社にトライスターを買うようにはからってください。ついてはロッキード社は五億円の献金の用意があると言っています」と言ったのも、ハワイに行く一週間前の八月二三日だったね。「日本の航空会社」というのは、全日空のことだ。

それで角栄が「おお、丸紅はロッキードの代理店だったのか。よっしゃ、よっしゃ」と言った、という話になっている。

松田　国内的には全日空が国際線に出たいから、ここでトライスターを導入して田中に貸しをつくっておきたい、という思惑も働いたといわれている。単に日米関係だけではなくてね。

早野　角栄の身になれば、中国との関係回復はもうやむを得ないというムードになってきていて、最初の仕事として国交正常化に取り組もうと。そこに、飛び込んできたのが丸紅。「こういう政治資金のルートもあるんだな」ということを心のどこかに置きながら、ハワイに飛んだのかもしれない。ある意味、すごい人だな。

松田　田中の金銭的な嗅覚は、やっぱりすごいよ。金がどういうふうに動くかをつぶさに知っている、と当時から言われていたね。

周恩来の前で熟睡

早野　そうして中国に乗り込んだ角栄だが、けっこうウケが良かったんだよ。おそらく、周恩来と気が合ったんだろう。

　でも一つ、例の有名な「ティエンラ　マーファン事件」というのがあった。角栄は晩餐会の席上で、「わが国が中国人民に対して多大なご迷惑をかけたことについて、私は改めて深い反省の念を表明するものであります」と挨拶した。それ自体は何の問題もないんだけど、事前に配られた中国語の資料では「添了麻煩《ティエンラマーファン》」と翻訳されていたのがまずかった。

　というのも、「添了麻煩」というのは、ちょっとしたミスに対して「ご迷惑おかけしました」と言うときに使う言葉だったから。それで晩餐会の会場はざわめき、日中友好ムードに水を差すことになった。

周恩来に言わせれば、「一一〇〇万人もの中国人が犠牲になった日中戦争を、水をかけた程度のごめんなさいでいいのか」ということだ。『田中角栄回想録』(集英社)で角栄が語っているところによると、「日本側の表現は、夏のある日、小僧が店先で水を撒《ま》いているところへ日傘をさした婦人が通りかかり、彼女の裳裾《もすそ》に水がかかって、『アッ、ごめんなさい』と謝る程度のものだ。これでは困る」と、周恩来は言ったそうだ。

それに対して角栄が、「親子代々、何十年も垣根争いで一寸の土地を争い、口もきかないような両隣の家もある。その両家の息子と娘がお互い同士、好きになって結婚したい。親が反対するなら家出をすると言い出したときは、それではすべてを水に流して……」と説明しかけたものだから、雰囲気はいっそう険悪になったという。

周恩来が「あなたは日中間の長い戦争を垣根争いだと思っているのか」と切り込んできて、角栄は「個人の家同士における垣根、寸土の争いは最大の争いだ。国家の争いは国境問題である。それが中ソ七千キロにわたる国境の緊張ではないか」と返す。本当にそんなやりとりがあったのかどうか……。角栄は「そうしたら周恩来は黙った」と言っているけど、あの侵略戦争と多大な犠牲に対してまったく謝罪になってない。

どうして外務省がこんな訳をしたのかはわからないが、角栄の態度のほうがまずかったような気もする。いずれにせよ、中国を怒らせて高島局長以下みんな、しょんぼりした。角栄だけはやたら元気だったけどね。

松田　外務省の高官は中国から「法匪《ほうひ》」って非難された。自分たちの非を認めないで、形よくまとめたと受け取られたようだ。

早野　外務官僚たちは、中国とこじれたものをどう打開していけばいいかわからずに、シュンとするばかり。角サンは「これだから、大学出の奴はダメだな」と言った。で、「じゃあ、どうすればいいんですか」と聞かれて、「そういうことを考えるのが大学出だろう」と。官僚の励まし方がうまいね。彼らも何とか考えないわけにはいかないよね。

松田　僕は、日中共同声明に調印した後の話が印象深い。岩見隆夫さんから聞いたところによると、角栄一行は飛行機に乗って北京から上海に向かった。そのときに周恩来が飛行機に同乗して見送ってくれた。その飛行機のなかで、角栄と大平が並んで座ったんだが、角栄は前夜の深酒もたたり、ぐうぐう寝てしまったと。

早野　そうそう、官房長官の二階堂進が「飲み過ぎると、いつもこうなんです」とか言いながら角栄を起こそうとしたら、周恩来が「そのまま寝かせてあげなさい」と言ったんだった。

松田　話はちょっと横道にそれるけど、さる高名な、文化勲章をもらった経済学者と飲んだとき、彼が面白いことを言ってたんだ。「考えてもみろ。末期ガン患者の周恩来がピンピンしていて、若い角栄がいくらなんでも酩酊して寝込むなんて、ありうるか？　中国は陰謀の国だから、周恩来のグラスは水で、角栄のほうだけに強いマオタイを入れたんじゃないか？」と。

早野　そんな重々しい人がそんな冗談を？　でも、ありそうで面白い。中国に乗り込むには、そのくらいの覚悟は必要だったかもしれない。

松田　盗聴くらいは当たり前、というか。

早野　北京で会った毛沢東からは「喧嘩は済みましたか？」と言われてね。まるで周恩来と角栄のやりとりを見ていたように。

そういえばそのときに、角栄が「マオタイを飲みました」と言ったら、毛沢東は「あまり飲むとよくないですよ」なんて返していたなぁ。で、「中国には古いものが多過ぎて大変ですよ。あまり古いものに締め付けられるということは、良くないこともありますね」とも語っていた。

当時は文化大革命の最中だったから、こういう発言が飛び出したんだろうけど、マオタイの古酒には気をつけろ、という意味合いもあったのかなぁ。勘ぐり過ぎか。

とにかく、角栄は誰が相手でも本音で話すから、毛沢東とも下世話な話をしていたね。毛沢東が「周恩来は日本生まれなので、帰るときにぜひ連れていってください」と言うと、「先生は日本でも非常に有名です。参議院全国区に出馬させれば必ず当選するでしょう」と返す、みたいな話もしていたね。

まぁ、いろいろあったけど、失脚した後も、いや死ぬまで、角栄と中国とは交流があった。鄧小平が目白台の田中邸を訪ねて、失意の角栄を慰めたり。あれは一九七八年だから、ちょうどロッキードの公判が始まったころだよ。角栄は被告人なのに、鄧小平は日中関係を打開した人物として表敬してくれた。

僕はこの異例の出来事を、取材記者として目の当たりにした。角栄は朝からウキウキしていたことを覚えている。

松田　井戸を掘った人を忘れない、という。

早野　角栄のほうもその答礼に、脳溢血で倒れた後、病身を押して中国に行っている。一九九二年の日中国交回復二十周年のときだ。若干名の記者がついていった。残念ながら、僕は行かせてもらえなかったが。

松田　同行したのは、正常化のときに行ったOBたちだから。毎日は岩見さんが行って、僕は当然メンバーには入れてもらえなかったよ。

ともあれ、日中国交正常化によって、今日の東アジアの礎がつくられた。アメリカとソ連（現・ロシア）という東西二極対立のなかで中国を選んだというのは、角栄の英断だったと思う。

早野　それまで日本は、アメリカの属国のような認識だった。角栄はそんな国内的感覚ではなく、意外にもアメリカ、中国、ソ連を軸とする世界政治の視野を持ち、アメリカから離れていった。おそらく訳知らず突っ込んじゃったんだろうけど……。

松田　結果としては、アメリカ離れをしたことになった。それに、中国の近代化においても、日中国交正常化は大きな意味を持つ。今の中国を中国ならしめたために、寄与した要因の一つであることは間違いない。

日本列島改造論VS.日本改革論

松田　田中内閣は内政で言えば、「日本列島改造論」からスタートした。これをやるんだと決めて、新しく国土庁をつくっちゃったんだよね。

早野　僕は国土庁の担当記者をやった。

松田　僕もちょっとやった。

早野　田中内閣が発足した直後に「日本列島改造問題懇談会」を設置して、翌年初めには「国土総合開発庁（仮称）」の設置を閣議了解させている。正式に国土庁として発足したのは一九七四年六月二六日だった。角栄としては、本当は「国土開発庁」という名前にしたかったが、「開発はいかん」とか何とか言われて。

これが二〇〇一年に建設省などと合併して国土交通省になるまで続いた。「田中官庁」とも呼ばれていたな。橋口収事務次官以下、各省から俊秀を集めていたな。

そこで角栄の懐刀として活躍した下河辺淳も、この間、九二歳で亡くなったね。一貫して「国土の均衡ある発展」を訴え続けた。

松田　国土庁については、アンチテーゼとしてはいろいろ言われるが、佐藤栄作が公害問題を何とかしようと環境庁をつくったように、国が負の現象も含めて経済発展を推し進める基盤づくりを請け負わなければならない時代だった。

話のついでで言えば、公害は各地に広がり、「企業対住民」の対立軸だけで語られる問題ではなくなってきた。企業のほうも、環境は一度破壊したら大変だ、住民の意向を考慮して子々孫々受け継いでいかなければいけないと気づいた。

一方で、住民サイドも自動車の排ガスや家庭用水など、被害者であると同時に加害者であることを自覚した。そこを政治がうまくリードして、たとえば今の低公害車の開発に結びついている。当然、企業からの反発は食らうけど、それが日本経済発展の次のステップを生み出す。そういうダイナミズムが保守政権のなかに十分あったと思う。

早野　前に言った不破の「あのころの自民党は……」という評価にもつながるね。

『日本列島改造論』に戻ると、あの本が発刊されたのは田中政権ができる直前、総裁選レース真っ只中のときだった。下敷きになったのは、角栄が無役の時代に党の都市政策調査会という勉強会でまとめた「都市政策大綱」だ。

これは論文と資料が中心の学術的色彩の強いものだったから、大衆にもわかりやすいように、どこでどんな事業をやるかを具体的に示した本にしたいと思ってつくったのが『日本列島改造論』だったというわけだ。

今で言うならマニフェスト、分厚い政策パンフレットだな。通産大臣秘書官の小長啓一や、後に作家・堺屋太一になった池口小太郎ら通産官僚をはじめ、滋賀県知事から新党さきがけの党首になった武村正義などが執筆に協力している。

これが何と、九〇万部のベストセラーになった。

松田　その少し前だけど、中曽根はアメリカの政治家みたいに、拓殖大学の総長をやっている。卒業生の鈴木宗男に卒業証書を渡したと言っていたっけ。政治の本流を歩んでいた角栄とは対照的に、非政治的なところでいろんなことをやっていた。

早野　角栄とは違った政治家のイメージをつくろうとしていたんじゃないだろうか。

松田　当時、中曽根がどこまで意識していたかはわからないけれど、後年「本来の政治は、列島改造などという安直なものではなく、日本改革論の姿をしたもっと厳かなものであるべきだ」と言っていた。

早野　「国土」より「国家」か。中曽根らしいな。中曽根はいつも「我輩は中曽根である」ということをちゃんと言ってくれるね。

それはさておき、『日本列島改造論』を読んで、僕は正直、「何て大げさな。こんなことが本当にできるのか?」と感じた。なにしろ、工業団地を既存の一〇七に加えて新規に二四六もつくるとか、新幹線鉄道網と高速道路網を全国に張り巡らせる、ダムを一〇〇〇カ所つくる……といった具合で、実に壮大な構想だ。しかも、すべてに拠点となる具体的な地名が記されていたんだから。でも、今、かなり、そういう日本になっているね。

当時、角サンが選挙の応援演説に行くのに、僕らもついて行った。そのときに「全国を一日で往来できる一日生活圏、一日交通圏にする」と言っていたのが印象的だった。これが現実のものになっている。

今は北海道でも九州でも、日帰りで仕事ができちゃうくらいだからね。それも味気ないんで、僕なんかは青森に行って温泉回って一杯飲んで、というようなことを楽しみにしているけど。その気になれば、日帰りできる。

松田 それがまさに「国土の均衡ある発展」だよね。どこに住んでいても、人々は同じようなメリットが得られる。角栄にはとくに「裏日本」と呼ばれた日本海側の地域、豪雪に苦しめられる地域に対する思いやりが強かった。

早野 それはあった。角栄が体で感じていたところだね。必ずしも十分な成果をあげたとは言えなかったものの、角栄自身にとっては、いわば〝開発行政の全国化〟をプランニングしていくことは非常に心沸き立つものだったと思うね。

松田 それが後に、大平の「田園都市国家構想」や、竹下の「ふるさと創生事業」につながっていった。種をまいたのは角栄で、いろんな形に変わりながら今日の地方創生に受け継がれている。

早野 そうね、「田園都市国家構想」っていうネーミングに、大平らしいロマンを感じる。竹下の「ふるさと創生」は全国の各市町村に一億円ずつ、ばらまいたんだっけ。何に使ったか。金の延べ棒を買ったり、温泉を掘ったり。

松田 あんまり芸がないというか。基本、アイデアは市区町村にお任せだったから、今日の地方分権の考え方の原点になったといえる。たとえば今も、安倍が景気回復のために低所得者に一万五〇〇〇円ずつ配るとか、公明党が商品券と言い出すとか、金のばらまきを考えているでしょ？　これも、政権が交代していくなかでのつながりと言えばつながりかもしれない。

早野　「日本列島改造論」なんて言葉には、あまり哲学が感じられないけど、地方を活性化していく出発点ではあったね。むろん「列島改造＝利権」という面はあったけれど。

松田　地方と都市の格差はいまだに解決されない問題ではある。ただ、手法のいい悪いは別にして、角さんのやり方には、「地方に光」という思いやりが生きていたと思う。

早野　そういうところも、今の角栄ブームにつながっているのかなぁ。

僕らの時代は「角栄を批判する」姿勢が求められた部分があった。角栄は政治悪の象徴だった。「お前、角栄に与するのか」というような風潮がずっと続いていた。それだけに角栄ブームと言われても、「今さら何だ」と言いたい気持ちがなくもない。

当時、もう少し冷静に角栄像を受け止めていたなら、角栄ももうちょっと等身大の生涯を送れただろうに。

松田　もっとも角栄の時代は、高度経済成長で、分配する原資が自動的に入ってくる時代だったから、角栄はただ分配すればよかった、という部分がある。もちろん新しいプランを出すときには、必ず財源を持ってくるという角栄の優れた手腕抜きには実現しえなかったことだけど。

その点、今の政治は分配する原資をどう求めるかに苦労を強いられる半面、分配を受ける国民への配慮が十分でなく、人間味に欠けるように感じる部分がたくさん出てくる。政治がそういった不満に応えていないのが現状だね。

第四章

田中内閣の落日

——ロッキード事件の「点」と「線」

ロッキード事件。逮捕され、東京地検から拘置所へ向かう角栄（上／1976年7月27日）と証人喚問される中曽根（下／1977年4月13日）

オイルショック――角栄と中曽根の「親アラブ」

早野　田中内閣は出だしこそ華々しかったが、結果的には約二年五カ月の短命に終わった。直接のきっかけは金権と女性問題のスキャンダルではあるものの、政権ができて一年と経たないうちに、『朝日新聞』が調べたところによると、支持率が未曽有の六二％から二七％にまで落ちた。

理由の一つは、「日本列島改造論」が何だか胡散臭いものと受け止められたことだろう。中曽根自身も、これへの評価が低いよね。

松田　さっきも少し触れたけど、ああいうものは、役人のやるべきことだと考えていた。要するに、「日本列島改造論」というのは、田中式開発発想に過ぎないというふうに。

でも角栄には当然、「財源を持ってくるのは、政治家にしかできない仕事だ」という反論があったと思う。

早野　あと、一九七三年春には、「カクマンダー」と呼ばれる小選挙区騒ぎがあった。前年の衆院選挙で敗北したのは、「日本列島改造論」という自分の政策のせいではなく、選挙制度にあったと思いたかったのかもしれない。

でも、小選挙区制は野党の抵抗に遭い、世論の味方も得られず。このころ、支持率が急落したわけだ。

オイルショックのため
電車でゴルフ場に向かう中曽根
（1973年11月18日）

松田　同じ年の一〇月には、六大都市すべてが革新市長になるという〝事件〟も起きた。

早野　角栄政治が混乱し始めているんだよ。自民党の派閥横断的な政策集団「青嵐会」が結成されたのもこのころだ。メンバーは中川一郎をはじめ、渡辺美智雄、森喜朗、石原慎太郎、山崎拓、浜田幸一など三一名。「台湾との断交に絶対反対」の姿勢を貫くなど、気を吐いた。青嵐会の名を広めた「血判状」の推進派でもあった石原は後年、金脈問題で田中に矢を向けたんだね。

松田　加えて、オイルショックがかち合ったのが不運だった。田中政権には最悪のタイミングだった。

早野　一九七三年一〇月六日に第四次中東戦争が始まり、エジプトがイスラエルを攻撃する。そして、OAPEC（アラブ石油輸出国機構）とOPEC（石油輸出国機構）に加盟している産油国が、アラビアンライト原油（サウジアラビア産の軽質原油）の価格を、一バレル当たり三・〇一一ドルから五・一一九ドルに引き上げた。

それだけでも日本経済に与える影響は大きいのに、産油国は生産の削減や、アラブの友好国以外への輸出を二五％も削減する措置を打ち出した。角栄の「日本列島改造論」は安価な石油を安定的に確保することが前提だったから、田中内閣は相当慌てたね。

そこで、角栄は通産大臣の中曽根と手を組んで、日本の外交の舵をアラブ寄りに切った。それまで日本は、イスラエルを支援するアメリカに遠慮して、アラブとの関係が手薄だったからね。

松田　角栄はアラブ寄りの方針を官房長官談話にまとめて、世界に発信した。これには大平外務大臣は対米外交を気づかって消極的だったが、通産大臣だった中曽根は最初から角栄に同調した。

それは若い時分から、エジプトのナセル大統領やインドのネール首相に憧れたナショナリズム的な考えがあってのこと。彼は常に「このままアメリカに占領されているままでいいのか」と自らに問いかけていたからね。

日本は原油のほぼ一〇〇%を輸入に頼っていて、大半を中東に依存していたから、角栄も「対米追随外交だけでは十分ではない」と考えていただろうけど、まぁ、「石油がほしい」気持ちのほうが強かったかな。

いずれにせよ、角栄と中曽根は動機に多少の違いこそあれ、結果としての選択は同じだった、ということだ。

早野　しかし、アメリカは怒った。「石油消費国が結束してアラブ産油国に対応しなければならないのに、日本は石油ほしさに抜け駆けするのか」と。

松田　キッシンジャー国務長官が来日してね。でも、角栄は「それで日本がアラブから禁輸措置を受けたら、アメリカは日本に石油を回してくれるのか」と、噛みついた。

早野　キッシンジャーの答えは「それはできない」——。角栄は「だったら、日本は独自の外交方針を取るしかない」と言って、三木副総理を中東各国に特使として派遣し、何とか「友好国」の待遇を勝ち取って、輸出規制を免れた。

田原総一朗はこのときのことを「アメリカの虎の尾を踏んだ田中角栄」という論文にした。「ロッキード事件が起きて、角栄が訴追されることになったとき、この経緯が角栄追い落としの原因になった」という論旨だった。

早野　さらに角栄にとって不運だったのは、一一月二三日に大蔵大臣の愛知揆一が急死してしまったことだ。

愛知は大蔵省出身で、長いこと、角栄の唯一とも言えるブレーンだった。角栄はその知らせを聞いて、「病死ではなく悶死だ」と思ったという。

松田　オイルショックは、アメリカのご機嫌を損ねたうえに、「狂乱物価」を招き、便乗値上げや石油会社の売り惜しみによる便乗儲けも重なって、日本経済も国民も大パニックだ。そんななかでの急死だったから、愛知は確かに「悶死」と言えそうだ。

オイルショックの遺産、原発をめぐって

早野　角栄は愛知の後任として、福田に大蔵大臣を要請した。でも、福田は最初、渋ったんだよね。日本経済がめちゃくちゃになったのは、「日本列島改造論」が原因だと指摘し、その旗印を改めない限り、大蔵大臣は引き受けないと言った。

確かに、角栄の政権が誕生したころは、貿易黒字のマネーが過剰流動性となって、土地や商品の買い占めに向かって物価が高騰した。そこで、物価を安定させるために金融引き

締めに転じたら、国際収支が赤字に転じた。そこをオイルショックに襲われたわけだから、日本経済に大混乱を招いたのは、単にオイルショックだったからではない。元をただせば、「日本列島改造論」という側面はある。

角栄は存外、割り切りが早いから、「日本列島改造論」を撤回して、経済問題については福田に一任することにした。

松田 このとき、角栄は総裁選の圧勝で手にしたオールマイティのカードを手放すことになった。ただ、小長秘書官が角栄に「本当に手放しちゃっていいんですか？」と聞いたら、「いや、『日本列島改造論』は残っているんだ」と言ったらしい。その後、日本が進んだ道を振り返ると、あながちハッタリとも言えないような気もする。

早野 あと、オイルショックの遺産というべきか、田中内閣がつくった「電源三法」のことにも触れておきたい。

「これからは、石油に頼り過ぎると、日本のエネルギー供給は危ない」ということで、火力発電以外の電源を開発してリスクを分散しようとなった。

その「火力発電以外の電源」とは、言うまでもなく原子力発電だ。これをやるために、電気料金に「電源開発促進税」を付加する。それを財源に、新規発電所を設置する自治体に「電源三法交付金」を配り、地域整備に使ってもらうという仕組みをつくった。

松田 角栄が得意とする手法だね。従来の電気税は、電気の消費量に比例して課税され、その金が都道府県に落ちる仕組みだった。それだと、地方に発電所をつくったところで、東京などの大消費地が潤うだけ。それは不公平だ、発電所をつくる地方も潤うようにしなくてはいけない、という発想があったと思う。

早野　それから五〇基もの原発ができて、日本は「原発列島」と言われるほどになった。角さんの地元の新潟にも、柏崎刈羽原発が次々とできたよね。三・一一以降、世の中は原発廃止の流れにあって、柏崎刈羽原発は今、再稼働問題で揺れに揺れているが。

中曽根も原発推進派で、福島原発の事故を受けて責任を問われることもあるようだが、どう考えているんだろう？

松田　そこは非常にデリケートな問題だよ。ただ、中曽根が原子力をやりたいと思ったのは『鉄腕アトム』の時代だから、当時と今とではかなりの温度差がある。当時の角栄の発想、中曽根の発想と、今フォーカスされている原発問題は分けて捉える必要があると思う。

早野　まぁ、そうだ。昔を非難しても、あまり意味はないかもしれないね。

話を戻して、大蔵大臣になった福田は、「総需要管理政策」に転換。公共事業の実施の繰り延べ等を行った。景気回復には「全治三年」と言っていた。

角栄はその後さらに、一九七四年七月七日の参院選で大きくつまずいた。いわゆる「七夕選挙」。このときになりふり構わず、「企業ぐるみ選挙」に打って出たものの、結果は惨敗。与野党伯仲となる。副総理兼環境庁長官の三木がもう田中内閣の下ではやっていけないと辞任した。

松田　福田も、企業選挙と金権政治を批判して、閣僚を辞任した。盟友の保利茂に「ポスト田中を狙うなら、辞任をするな。君は王道を行け」と言われたけど、三木につられるようにして辞めた。

早野　僕は保利邸に取材に通って、「保利は毎日新聞記者から政界の中枢に入った男だから、よけいに本流にこだわるのかな」と感じたことを覚えている。

その保利も行政管理庁長官を辞任した。角栄と福田をつなぐという役割を終えたということだね。

松田　そうして、田中退陣への道筋がつくられた。とはいえ、件《くだん》の参院選のとき、角栄は元気いっぱいだったなぁ。四七都道府県のすべてを回って遊説する計画を立てて。

早野　全国二〇〇カ所を回ると言って、ヘリコプターで飛び回っていた。僕も追いかけたよ。ヘリコプターが不時着する騒ぎもあったっけ。

松田　追随するマスコミ用のヘリコプターに乗る僕らもヒヤヒヤものだった。僕なんか、当時はまだ独身だったから、「お前がヘリに乗れ」と命令されて。有視界飛行のため、濃霧に襲われると、東京に送電する高圧線を目印に飛行すると聞いて、正直、怖かった。

僕が北陸遊説に同行したときはヘリコプターが飛べなくて、陸路、立山を越えて富山に入った。黒四からケーブルカーに乗ったんだけど、自然の眺めがすごくきれいだった。

でも、角栄はそんなものには目もくれず、「君たち、これは大深度というんだ。そこは所有権が及ばない。技術さえ開発したら、地下鉄なんかいくらでもできるんだ」と言っていた。頭のなかには地下都市が描かれていたのかもしれないが、せっかく立山まで来て、きれいな残雪の景色を見ながら、滔々と大深度をぶつなんて、すごい人だなぁと思ったよ。先見性を感じた。

早野　今、やたら深いところに地下鉄がたくさんできているけど、あれが大深度なのか。

松田　そう、所有権が及ばないって。

早野　その選挙運動のころだな、七四年五月一三日に日本武道館で「田中総理を励ます新潟県人の集い」というのがあった。僕、行ったんだよ。

松田　僕も行ったよ。

早野　このときの演説のなかで、角栄は「五つの大切　一〇の反省」という徳目を提唱した。

「五つの大切」は「人間を大切にしよう」「自然を大切にしよう」「時間を大切にしよう」「モノを大切にしよう」「国、社会を大切にしよう」――。

「一〇の反省」は「友達と仲良くしただろうか」「お年寄りに親切にしただろうか」「弱いものいじめをしなかっただろうか」「生き物や草花を大事にしただろうか」「約束は守っただろうか」「交通ルールは守っただろうか」「親や先生など、人の意見をよく聞いただろうか」「食べ物に好き嫌いを言わなかっただろうか」「人に迷惑をかけなかっただろうか」「正しいことに勇気をもって行動しただろうか」――。

誰もが「これが選挙の争点か？」と半分あきれたものだが、内容が面白いというか、角栄らしくないというか、異色のものなんで、今、全部読み上げてみた。

まぁ、僕はこれを聞いて、心のなかで「まずは自分からやってみろ」と毒づいたものだ。もちろん、選挙の争点ではありえないが、角栄にヤキが回ってきていたんだと思うね。

松田　その「五つの大切　一〇の反省」を新しく教師になる人たちに唱和させるというんで、後で取材したことがある。遊説について行ったときに小長さんから「質問してくれ」って頼まれてね。うちが幹事社だったんだ。

角栄って、会見でもインタビューでも、質問者の顔をじーっと見て、相手が相槌を打たないと、話を進めないんだよ。まだ慣れていなかったから、角サンの顔を見ながらメモを取るのがすごく大変だった。今にして、ずさんなメモだったなと思う。

早野　記事がよく書けなくて、怒られたんじゃないの？

松田　けっこう大きな記事になったんでね、まぁ怒られたかな。

早野　同じ時期のトピックに、ルーブル美術館から「モナ・リザ」を借りてきて、東京国立博物館で展示会をやった。これは意外と知られていない角栄の功績だ。

松田　すごい混雑だったよね。なにしろ「モナ・リザ」はほぼ門外不出のフランスの宝だから、それを借りられたというのは確かに角栄の快挙だ。

早野　前の年にフランスのポンピドゥー大統領と会談して、その席上で〝モナ・リザの来日〟が決まった。角サンは「フランス最高の美女」と言って、ご満悦だったよ。

松田　秘書官だった木内昭胤《あきたね》さんに聞いたけど、ポンピドゥーが七四年に急逝すると、角サンはパーッと葬式に向かったそうだ。お互い琴線にふれ合うものがあったんじゃないかと。葬式を大切にした角サンらしいエピソードだ。

『文春』の「ぶ」の字に「なにいっ！」——金権と女性問題

早野　退陣への道筋が敷かれた、その先で待ち受けていたのが『文藝春秋』の報道だ。例の立花隆の「田中角栄研究——その金脈と人脈」と、児玉隆也の「淋しき越山会の女王」。僕ら番記者も角栄に話を聞かねばとまつわりついたんだが……。

松田　『文春』の「ぶ」の字を言っただけで、「なにいっ！」って一喝されたよ。その後、角サンは階段を二段跳びで駆け上がって、執務室に消えていったことを鮮明に覚えている。

当時は社会部を経験したばかりの記者だったから、『文春』の記事のことは聞いておかなきゃいけないと思い込んでいたのに、自分で自分をみっともないなと思った。

早野　番記者も何回か食い下がったけど、「そんなこと、知らん！」の一点張りでね。ところが、外国人記者クラブで締め上げられて。角さんも外人には弱かったのかなぁ。

松田　あのときは、中心になって質問する幹事社が、当時共産圏のハンガリーだった。それで遠慮がないというか、いきなり「今、話題の総理大臣です」なんて言って、容赦なく『文春』の記事のことばかり質問した。

早野　日本の番記者は全然質問できなくて、四苦八苦していたのに。

松田　外務省から来ていた秘書官の木内さんが真っ青になってね。角栄は何か答えないと

金権問題などで記者会見し、
疑惑を否定する
(1974年11月11日)

いけなくなって、「総括して、改めて報告する」というような収拾をして切り抜けた。

早野　この外国人記者クラブの追及をきっかけに、日本の各紙が角栄の金脈ならびに女性スキャンダルを記事にした。今は考えられないことだね。

松田　日本の新聞は、せいぜい小さなコラムで、『文春』が報じたことを伝えるだけだった。金がらみのことや女性問題といったスキャンダラスな話を、新聞がどこまで書くべきか、判断が難しかった部分はある。ゴシップ程度の認識で、どう扱ったらいいか、腰が定まらなかったんだ。

早野　当時の政治報道は、新聞が正面から扱うべきテーマじゃないと思っていたのだろう。で、足踏みしてためらっているうちに、外国人記者クラブにやられたかっこうだ。しかも、外国人記者クラブでの追及が出て初めて、日本の新聞が記事にしたというのは、振り返ればあまりにだらしない。

松田　その記事にしても、『毎日新聞』は最初、一面トップで扱ったんだよ。でも、遠い地域に配る早版を各紙が見せ合う「早版交換」で他紙を見たら、『朝日』も『読売』も二番手だった。それで慌ててうちも二番手におろしたら、最終版では他社は逆にトップにあげてさ。なんだか『毎日』だけ腰が引けてるみたいで悔しかったよ。

早野　それは面白い裏話だね。当時、角栄はもう末期症状を来していたのに、メディアはまだ政治権力に及び腰だった気がしないでもないね。

松田　長いこと、政権交代がなくて、「政治といえば自民党」という固定観念に縛られていた感じもする。角栄のほうも甘かった。外国人記者クラブの思うツボにはめられるとは想定外だったんじゃないかな。

早野　日本メディアの敗北だね。おかげさまで、それまでは黙殺されていた田中の金脈……幽霊企業とか株とか土地のことが明るみに出て、番記者もある程度のことは知っていたとはいえ、「おい、こんなこともあるのか」とたまげるくらいのことが表に噴出した。これには、政治家の単なる汚れというよりも、政治の持つ深い暗さのようなものを感じたね。

ようやく総理官邸での記者会見が行われたのは、一一月一一日。『文春』の発売から約一カ月後のことだった。その間、角栄はニュージーランド、オーストラリア、ビルマなどを外遊している。メディアは見逃してやったことになる。

松田　外遊から帰国しての記者会見だからね。この会見はさすがに驚いた。土地買収問題では隣に掘っ立て小屋のようなものを建てて騒げば、うるさがって出ていく、そこを狙って交渉し、買い占める人もいる、とか弁明してたね。

早野　さすがにびっくりしたね。総理官邸の記者クラブも、ここでまたへっぴり腰では新聞記者の名折れだと思って、頑張ったんだよ。

松田　特に時事通信の官邸キャップは元福田派担当だったから厳しく迫った。角福戦争で負けた福田の無念を、ここで晴らすぞ、という感じもしたね。

早野　舌鋒鋭く質問していたかな。秘書の早坂茂三としては、質問は最初に田中派の記者で固めて雰囲気をちゃんとつくったうえで、角栄が言いたいことを言う形にして乗り切ろうとしていたらしい。福田派の記者が攻めてきたことが敗因だったと言っていたね。

しかし、考えてみると、今の新聞と政治の関係がどうなっているかはつぶさには知らないけれど、当時の新聞と政治の関係はあまり感心しないな。

松田 報道が独立していなかった、という側面はある。

早野 その意味では、角栄のスキャンダルは「このままではいけない」という、新聞にとっても再出発する一つの転換期になったように思う。

松田 外から与えられた刺激に感謝しなくちゃいけない。

早野 あの頃、立花と児玉は、まだ三〇代だ。丹念に取材して、資料を集めて。記事を読めば、僕らも書くのが商売だから、彼らが並大抵ではない努力をしたのはわかった、悔しいことに。

今、思えば、二〇代の僕らは角サンを追いかけることだけに腐心していたんだな。

松田 公表された資料を丹念に読んで分析する、そんな調査報道というもののすごさみたいなものを改めて痛感させられた。みんなが知っていることを多彩な視点から縦横斜めにつなげてみれば、立派な記事になるんだよね。

早野 それまでの政治報道は、言ってみれば政局報道であり、僕らは政局記者だった。もちろん傑出した政治記者もいたけど、どちらかと言うと、言葉は悪いが政治家の家の台所まで入りこむとか、風呂に一緒に入り背中を流すことまでするとか、そういう食いこみ方に得意になっていた気がするね。

松田 そう。いつでも連絡がつく政治家の枕元にある電話につなげられるか、が最も大事で。

早野 この土壇場で、角栄は内閣改造を行った。橋本登美三郎幹事長が官邸の入口で、「んー、いい内閣ができた」と言ったのを耳にした記憶がある。起死回生のつもりだったのだろうが、この内閣は一カ月もせず終わってしまった。

松田 アメリカのフォード大統領を迎えるための、〝つなぎの内閣〟だった感がある。

早野 このころ目白台の自宅も解禁になって、僕ら番記者は詰めていた。角栄が寝るまで見張っているということになる。

松田 ひどい目に遭ったよ。帰りたいんだけど、早野さんは日曜日の夜、テレビで「パンチDEデート」と「唄子・啓助のおもろい夫婦」を見るのが好きだって、それが終わるまで帰らないんだよ。当時、「パンチ〜」が一〇時半から一一時、「おもろい〜」が一一時から一一時半の放映だったんだ。昼間は「新婚さんいらっしゃい！」を見るしさ。前も言ったけど、僕の社のデスクからは、「他社が残っているなら残れ」と指示を受けていたから。

早野さんは紳士だったけどさ、番小屋で田中家が用意してくれていたオールドパーをガンガン飲んで、「角栄のバカヤローッ！」とか叫ぶ奴もいた。とんでもない記者だったな。

早野 いた、いた、母屋に聞こえるような大声でな。

松田 余談だけど、三木邸では番小屋の冷蔵庫を開けても何も出ない。角サンのところは椿山荘からオードブルのデリバリーがあったけど、三木のところはＳＰさんの弁当があった。

早野　言うまでもなく、三木が正しいよ。そうこうしているうちに、前にも話題にした角栄最後の番懇の日がやってきた。

松田　角栄は最初、会見を開いて自分で喋ると言っていたが、結局は官房長官の竹下登に退陣の弁を代読させた。

早野　「私の決意」という、角サン自身が書いたものをね。その結びに「わが国の前途に想いをめぐらすとき、私は一夜、沛然《はいぜん》として大地を打つ豪雨に心耳を澄ます思いでありま す」とある。「耳を澄ます」ではなく「心耳を澄ます」と添削したのは、安岡正篤だったと伝えられている。

松田　本人の退陣会見がなく、立花に指摘された土地取引や資産形成などについては「改めて会見します」と言っていたのに、結局はうやむやになった。それ以来だよ、政治家の「改めてやります」は「やらない」ということだとなったのは。

早野　角栄は単身、新潟から上京し、権力の中枢を駆け上がっていったが、末路はかくも不名誉なものだった。「石もて追われる」がごときで、残念ながら、とても堂々たる退陣とは言えなかったね。

五年におよぶ長期政権を実現して、禅譲という形で退陣した中曽根とは全然違う。長生きできなかった部分でも、角栄は中曽根に完全に負けている。中曽根さんって、健康にかなり気をつけてたの？　いろいろ、トレーニングをしていたというような。

松田　水泳とか。よく国会の脇にあるプールで泳いでいたよ。海軍ということもあったのかな。

早野　それ、重要な要素だよ。角サンはいろんな事件も絡んで、つい酒に手が伸びて、始終酔っぱらってた。

松田　中曽根さんは酒は飲めば飲めるけど、深酒はしなかった。そんなに酔うってこともない。タバコは吸わないし。角サンと違って、健康には気をつけていたね。でも、シャンソンを歌ったりして先輩政治家から、「あのヤロー」と思われたこともたくさんあったんじゃない？

椎名裁定の波紋――男を下げた大平

早野　角栄が退陣した後、いったい誰が政権を受け継ぐのか。候補者は、前回、角栄と総裁選を争った三人――福田赳夫、大平正芳、三木武夫に中曽根が加わった。しかし、角栄が思い描いていたのは、実は自民党副総裁の椎名悦三郎だった。

椎名もちょっとその気になったという説はあるが、いかんせん椎名は次の総裁を決める調整役となってしまった。三木と中曽根は「椎名暫定政権」を是認していたものの、大平が反発し、「行司がマワシを締めた」とか「産婆が自分もお産をすると言い出した」みたいなことを言って、牽制した。

松田　そこで「椎名裁定」。椎名は福田・大平・三木・中曽根と個別会談をした翌日、「私の考えを述べる」と言い、三木を指名して、さっさと席を立った。

早野　「角栄が金権問題で退陣したのだから、次はクリーンをもって政治にチャレンジしている三木君を指名する」という論理だったね。

松田　あのときは椎名が誰を指名するかで、毎日新聞でも大変な騒ぎになった。うちの記者がメッセンジャーボーイとして中曽根のところに行って、「次は三木です」と伝えていた。ところが、椎名に食い込んでいた記者は当日の朝刊の見出しに、指名候補者の一人として三木の名を入れることにも反対した。

　当時、自民党担当のキャップだった岩見さんは「椎名の言動を見ていると、三木じゃないのか」と思いつつも、いろいろ情報を集めたが、確たる裏が取れない。それで〈次は三木〉と打てず、〈椎名氏、きょう裁定案〉〈一人に絞って明示〉と濁した。

　ところが『読売』は〈保利、前尾、三木三氏の中から〉との一面トップの見出しで、三木を入れていて……。

早野　『朝日』は確か〈椎名工作、打ち切りへ〉って見出しだった。〈大・福の調整困難〉と書いた。読み違えた。「打ち切り」って、そりゃあそうかもしれないけどさ（笑）。

松田　そうして政権は「金権」から「クリーン」へと変化を遂げた。まさに「振り子の原理」ね。政治には、一つの方向がダメになったとき、真逆に振ることがよくある。そういう振り方ができるというのは、逆に言えば自民党の内部は幅広いということでもあった。
早野　ポスト佐藤のときの「三角大福」からすれば、三木総理・中曽根幹事長のツートップは、自民党傍流政権だった。大平はこの椎名裁定を「狡知」、つまりずる賢い智恵だと断罪した。名台詞として残っているよね。
松田　大平は椎名裁定が出た瞬間、田中邸に駆けつけたんだよ。覚えてる？
早野　そうだ、僕らがゴルフに出かけていた角栄を田中邸で待ち構えていたところに、大平があたふたとやって来た。
松田　それで、記者のほうは「何だ、大平は田中の指南を受けないと、身の振り方も決められないのか」と思った。大平はこれで男を下げたね。
早野　角栄が大平に「これはもうしょうがない」と言って、一件落着だ。大平は思索型の人で哲学者だから、「椎名裁定は歴史の狡知である」と言ったのは、自分を納得させるためだったのかもしれない。
松田　椎名は帝都復興院総裁として関東大震災からの東京の復興に尽力した後藤新平の甥。奥さんは怖かったな。記者のことは「どぶねずみ」呼ばわりだった（笑）。椎名は商工省のエリートで、岸信介の部下でありながら、岸以上の力を持っていたといわれていたから。
早野　だけど選挙は弱かった。「愚民が何で俺たちを選ぶんだ」って感じで。それから五年ほどして亡くなったね。首相だった大平は弔辞で、こう悼んだ。
「落日秋山を蔽い、万象ことごとく呼吸を止めた思い」

ロッキード事件——角栄と小佐野、中曽根と児玉の本当の仲

早野　ロッキード事件はもう歴史になった感がある。若い世代はあまり知らないだろうから、ちょっと振り返ってみよう。

前に触れたように、導火線になったのは一九七二年七月に田中内閣が発足してすぐ、八月二三日に丸紅の檜山廣が田中邸を訪れて「ロッキード社のトライスターを全日空が導入するよう取り計らってくれ」と依頼したことだった。その直後に角栄がハワイで会談したニクソンからも、トライスターの話が出ている。

その話が国際的な収賄を孕みながら現実に進められ、一九七六年二月五日にワシントンから衝撃のニュースとして届けられた。ロッキード社が航空機の売り込みのために日本政界に賄賂を贈っていた実態が明るみに出たわけだ。

『朝日新聞』はそれを特ダネとして、五段抜きで〈ロッキード社　丸紅・児玉氏へ資金〉と見出しを打ち、朝刊二面に二六行の記事をねじ込んだ。

でも、これは『朝日』が独自にほじくり出してきた記事じゃあないんだけどね。アメリカのチャーチ委員会（米上院外交委員会多国籍企業小委員会）がロッキード社のコーチャン副会長らを次々と公聴会に呼び、証言させたところから始まっている。

その朝からテレビが報じた。新聞はその日の夕刊で一面をつぶし、紙面には、〈対日工

作費は三〇億円〉〈領収証のコピー公表〉〈ロッキードが〝ワイロ商法〟〉といった活字が躍っていたね。ここから、日米をめぐるサスペンスドラマが始まったわけだ。

松田　チャーチ委員会が公聴会を行ったとっかかりは、ＳＥＣ（証券取引委員会）のところに突然、段ボール箱が届いたことだと言われている。当時、ＳＥＣはウォーターゲート事件で失脚したニクソンへの不正献金に関する調査を行っていたらしい。

段ボール箱には重要機密文書がいくつも入っていて、そのなかにロッキード社の不正工作を示すものがあった。ロッキード社の内部監査をしていた会計事務所の弁護士が「誤配」に仕立てて、送り付けたといわれている。文書の内容は事実だったと認定されているよね。

早野　誤配は嘘だったという話のようだね。

チャーチ委員会はアメリカの自己反省的色合いが濃い。なにしろ、ロッキード社は日本のみならず世界一五カ国で工作していたというんだから、前代未聞の規模だ。

そのなかに、ロッキード社が〝闇の力〟として当てにした児玉誉士夫の領収書をはじめ、「ピーナッツ一〇〇個を受け取った」とか「ピーシーズ」「ユニット」といった単位の妙な領収書もあった。

松田　児玉は、ロッキード社が軍用機メーカーだった時代からつながりがある。岸内閣の下で、日本の主力戦闘機を採用する際、グラマンからロッキード社製のＦ１０４に逆転させた実績もある。

早野　おまけに、児玉は例の児玉機関から日本自由党の結党資金を拠出して以来、政界の黒幕をもって任じた人物だ。

中曽根も児玉とは関係が深いんじゃない？　そうでもない？

松田　それこそ日本自由党の幹事長を務めた河野一郎との縁から始まっているようだ。児玉の書生だった太刀川恒夫が中曽根の秘書をやっていたことがある。彼は今、東スポ（東京スポーツ新聞社）の会長だが、関係がなかったことはないと思うよ。

ただ、一九七六年八月二一日の『毎日』夕刊で、中曽根はロッキード事件にも児玉にも関わりは「一切ない」と繰り返し答えている。第一報は『朝日』で、『毎日』は〈朝日新聞が二十一日付朝刊で報じたコーチャン氏のインタビューによると〉と異例の書き方をした。裏が取れなかったんだよ。

詳しく引用すると、〈ロッキード社のコーチャン前副会長が二十一日付朝日新聞（朝刊）のインタビューの中で「四七年一〇月五日、重大な事態が発生したため、児玉誉志夫が中曽根通産相（当時）に長い時間電話を入れて解決するよう要請、翌日解決した」との趣旨を述べ、中曽根自民党幹事長の重要な役割を指摘していることについて、毎日新聞社は二十一日朝、中曽根氏にインタビューし、同氏にまつわる疑惑について質した〉と。

それに対し中曽根は、児玉から一〇月五日に工作を依頼されたことは全くないし、電話を受けた事実すらないと答えている。その日は通産相として全国中小企業団体大会であいさつするため、開催地の新潟市にいた、とも。

さらに児玉とは、一九六八年の「佐藤三選」をめぐってケンカ別れしたままで、この一〇年で二回ほどゴルフをした程度。正月や盆にあいさつに来ていた太刀川も、児玉との仲を心配していたと、親密さを否定している。

児玉がコーチャン氏との取引を有利にするために工作を偽装した印象が非常に強いとまで言っているんだ。

実は角栄も児玉とつき合おうとしたが、佐藤栄作から「直接関わるのはやめろ」と言われたようだ。

早野　中曽根はロッキード事件をめぐって、国会で証人喚問を受けたよね。

松田　現職議員では初めてだった。社会党の横路孝弘から児玉との関係を追及されているね。でも結局、「自分の手も魂も汚れていない」と全面否定し、事件としても立件されなかった。

早野　何か中曽根って「怪しい右」とか「怪しい闇」とつながっている印象があるが、ロッキードにしろリクルートにしろ、尻尾を出さずにうまく乗り切ったね。姑息に逃げたというより、堂々と乗り切った感じがする。

中曽根はロッキード事件について、直接何か語っている？

松田　角栄は有罪判決を受けているから、事件の節目節目に話も出てくるだろうけど、中曽根は起訴されていない。番記者の前でも事件に触れることはほとんどなかった。

まあ、中曽根派は派閥としては金もなかったし、弱かったから、金配りには苦労したと思うよ。それだけに細々としたスキャンダラスな話はあったけど。

早野　話を戻して、コーチャン副会長はさらに、児玉に加えて国際興業社主で全日空の大株主でもある小佐野賢治にも、全日空への売り込みを頼んだことや、丸紅幹部の進言で日本政府の複数の当局者に賄賂を贈ったことなどを証言した。

小佐野の名前が出れば、彼と親しい角栄を連想する。ロッキード事件の向こう側に角栄が見えてきたわけだ。

松田　その後、焦点は日本の国会でいかに解明していくかに移った。そして、児玉は病気で出頭せず、証人喚問は小佐野賢治からスタート。さらに全日空の若狭得治社長、渡辺尚次副社長、丸紅の檜山廣会長と大久保利春専務、伊藤宏専務などが続いた。

早野　しかし、誰もが口を濁す。小佐野は「記憶にございません」を連発し、これが流行語にもなった。

松田　嘘を言えば偽証罪になって、刑事告訴で告発されるからね。

早野　野党は政府に真相究明を求め、予算審議に非協力的だったが、このへんでロッキード事件がうやむやになりそうなことにほっとしていた政府高官もいただろう。彼らの誰かに賄賂が渡っていたことは間違いないからね。

トイレで「佐藤昭は捕まったのか」——角栄逮捕の日

松田　そこで、三木の出番だ。「ロッキード事件を徹底究明する」ことを決め、国会で「アメリカのフォード大統領に資料請求を要請する」という声明を出した。

早野　そして、フォードに「関係者の名前が明らかにされず、このまま事件がうやむやに葬られると、日本の民主主義の致命傷になりかねない」というような情熱を込めた手紙を書いた。この「三木書簡」がなければ、事件は本当にうやむやになっていただろう。

しかし、自民党内では三木おろしが始まった。僕ら新聞記者や一般国民はもちろん、「正義は貫かれなければいけない」と思っていたが、政治家たちは「三木は月光仮面よろしく正義の味方を気取っている。はしゃぎ過ぎだ」と、悪感情を抱いたのだろう。

松田　副総裁の椎名は三木に対して「惻隠《そくいん》の情がない」と言っていた。

早野　日本の政治の闇の部分が出てきてしまうかもしれない。それはやばいと思ったんでしょう。椎名はカンの働く男だからね。

しかし、法務大臣の稲葉修は「すでに一三〇人の政治家から事情を聞いた」と、うそぶいた。趣味の釣りにたとえて、「イワシや小サバばかりではすまされないよ」という言い方をした。おそらく角栄もしくはその一派が収賄に絡んでいると見当をつけていたのだろう。「これから〝大物〟が釣れるよ」と〝予言〟した言葉とも受け取れる。

松田　で、フォードは資料を渡してくれたが、条件をつけた。「裁判で立件するとき以外に政治的に利用されては困る」と。

早野　そうして事件解明が進んでいくなかで、決定的だったのは嘱託尋問だ。ロサンゼルスの連邦地裁で、クラーク特別検事がコーチャンらロッキード社の幹部に対して丸紅ならびに角栄ら政府高官との関係を尋問してくれた。その際、日本の検察庁はコーチャン証人らの刑事免責を保証し、尋問には堀田力検事などが陪席した。

このときの証言から、やはり金が田中角栄のところに渡っていたことが明らかになり、一九七六年七月二七日の角栄逮捕に行き着いた。その日、松田さんは何してた？

松田　厚生省を担当していた。当時は昔の海軍省の跡にあって、隣が東京地検。玄関前には朝から多くの新聞記者が群がっていた。角栄の到着を待っているところを、窓からずっと見ていたな。早野さんは？

早野　僕はその日、朝七時くらいに社から自宅に電話があって、「すぐに砂防会館に行け」と言われた。三階に田中事務所があったね、角栄はすでに捕まって東京地検に行っていたが、ほかに逮捕者が出るかもしれないということで。

砂防会館に着くと、もう捜査当局が来て、書類の押収をしていた。新聞記者やカメラマンがいっぱいいて、騒然としていたね。

トイレで偶然、秘書の早坂茂三と隣り合わせて、「おい、どうなってるんだ。佐藤昭は捕まったのか」と聞かれたことを覚えている。昭は捕まらず、元秘書官の榎本敏夫が捕まったとわかったのは、少し後のことだ。

おそらく角栄は、愛人の昭には表のきれいな政治資金を扱わせ、危ない裏金のほうは榎本にやらせたんだろう。その裏金は砂防会館の事務所ではなく、目白台の自宅に運ばせた。

というようなことを、後に僕らは検察の動きのなかで知ったわけだ。

中曽根が言質を示したロッキード「陰謀論」

松田 角栄がロッキード裁判を迎えたのは、一九七七年一月二七日。そこから八三年一〇月一二日の判決までの六年八カ月間、計一九一回に上る公判廷が開かれた。角栄は月に二回以上、ほぼ週一で東京地裁に通っていたことになる。

早野 角栄は一貫して全面否定だ。「陳情客が殺到している状況で檜山が来ても、いくらマスコミに〝わかったの角サン〟などと揶揄される私でも、それほど軽率ではない。藪から棒に『五億円用意しています』と申し込まれて『わかった』と即答するわけはない。事実、そのようなことはなかった」と言い張った。

この種の疑いがかかったときは通常、角栄のように全面否定するか、「もらったけれども、単なる政治資金であって賄賂ではない」と主張するか、どちらかだ。角栄としては政治資金とは言いづらかったのかもしれない。

松田 すべて丸紅の金なら、まだ言い訳の余地はあったが、海外の企業から政治資金を提供してもらうことはできない。政権復帰への夢を持っていただけに、そこが弁明の難しいところだった。

早野 角栄はなかなか状況判断が的確で、優れたところもあるから、「これは政治家の生命線に関わることだ」と思って、全面否定しようと決心したのかな。その決意がやがて「本当に私はもらっていない」という思い込みに変じていった可能性はある。

松田　自分に信じ込ませたことが、いつの間にか確信に変わることはありうるね。

早野　松田さん自身や身近な人にも、そういうことはある？

松田　そりゃあ……早野さんもあるでしょ。

早野　んー、あるかもしれないな。絶対にしていないと自分に思い込ませていないと、あそこまで言い通すことはできなかっただろうね。

それに、判決の日の角サンの荒れようの説明がつかない。「懲役四年、追徴金五億円」の実刑判決が出たあの日、角栄はそれはもうすごい荒れようだった。田中派の議員たちが目白台の邸宅に集まって、東京地検から帰って来る角栄を迎えたんだが、「判決は到底承服できるものではない。最後まで闘う」とまくし立てた。

松田　その矛先が中曽根にも向かって……。

早野　そう、「自分で総理大臣になったつもりでいるから、右往左往するんだ。総理総裁なんていうのは帽子なんだ。思い上がりもはなはだしい」と言っていたね。

僕はその場にいて、「自分が嘘をついていて、ここまで激怒して見せることができるものなのか」と感じた。もっとも、その後明らかにされたことを見ると、角栄は「真っ黒」だな。金はもらったんでしょう。

実際、榎本はすぐに「丸紅の伊藤から五億円もらいました」と自白している。公判では、現金授受は計四回で、場所は英国大使館裏の路上、千代田区富士見の路上、ホテルオークラの駐車場付近、伊藤のマンション……というふうになっていて、後に田原総一朗がインタビューした際は「全部、伊藤のマンションでもらった」と言っている。その金がロッキードの金なのか、角栄に渡ったのかはわからない、としているが。

といったことを考え合わせると、検察の描いたストーリーにもいろいろ部分的な間違いはあったのかもしれない、というふうにも思う。

松田　榎本と言えば、三恵子前夫人のあの「ハチの一刺し」を思い出すね。法廷に出て、「夫に『金を受け取ったの？』と聞いたら、黙ってうなずいていた」と証言した。

早野　あと、自宅前の庭で日程表やメモを焼いたこともね。別れた妻の逆襲なのかどうかは知らないが、「ハチはひとたび刺すと、そのまま死ぬ」ということになぞらえて、「ハチの一刺し」というタイトルが女性週刊誌などに躍ったね。

松田　流行語になったもんね。

ちょっと話は戻るけど、田中弁護団の一人に加わった保岡興治は、「角栄は無実になって、もう一度総理大臣として復権する強い意志があったから、NOを言い続けたのではないか」と言っている。早野さん、どう思う？

早野　金脈問題を追及されて総理を辞めたときは、椎名に「ちょっと一時期、君が預かってくれ」というようなことを言っている。だから、その時点では復権する気満々だったと思う。でも、ロッキード事件が起きた後は思ってなかったでしょう。

それよりも〝闇権力〟のほうに慣れちゃったというか、自分の動かせる政権をつくっていたから、これで十分という気持ちだったんじゃないだろうか。

松田　確かに総理大臣の地位になくても、好きなように政権を動かせたからね。ところで今、角栄ブームのなかで「角栄は冤罪だった」あるいは「角栄はアメリカの陰謀にハメられた」というような論調もあるでしょう？

早野　ある。なかなか冤罪とまでは言えないけど。

松田　そもそもの疑問点としてこれまで指摘されているのは、日本に流れた賄賂の内、最大の七〇〇万ドル、日本円にして約二一億円が流れた〝児玉ルート〟が未解明なままであるということだね。

この点は、衆議院の委員部長から参院議員になった平野貞夫や、角栄の側近を標榜し、後に民主党の副代表にもなった石井一の二人も著書で指摘している。

早野　角栄の五億円だけが槍玉に挙げられたのはおかしいと。そもそもロッキード社の狙いは旅客機ではなく軍用機にあったから、〝児玉ルート〟のほうこそ本丸であるというね。全体像から見れば、確かに一部分の解明で終わっている点は否めない。

松田　児玉といえば、政界で親しかったのは中曽根だったけれど。

もう一つ、ロッキード社製のP3C対潜哨戒機の導入という問題があったが、これは着手されなかった。

そこへきて、最近『秘密解除　ロッキード事件』（岩波書店）という本を書いた朝日新聞編集委員の奥山俊宏が発掘した、中曽根の公電というのが出てきた。

早野 あの本は面白い。公文書を全部、読み解いて書いている。そのなかに、中曽根がアメリカに「揉み消せ」と電報を打った、とあるよね。

松田 大使館経由でね。その「揉み消せ」というのが自分のためなのか、自民党のためなのか。事件がこれ以上広がると、自民党政権が倒れてしまいかねないという心配はあったと思うが。

早野 両方の意味でしょう。ただ建前としては、自民党だろうね。ずっとアメリカと協調してきた日本の政権が壊滅するから、適当なところで手を打ってくれと。収賄に与《あずか》った議員のなかに中曽根自身が含まれていたら、もちろん一挙両得なわけだよ。

松田 石井一ら田中派議員から見れば、親分可愛さから中曽根の保身である、というふうになるだろう。

事件の見立てもさまざまあってね。米国の捜査当局の狙いはニクソンで角栄はたまたま引っかかっただけという説がある一方で、「アメリカによる田中潰しのための陰謀」という説もある。

早野 オイルショックで角栄がアメリカ離れに踏み切った時に言われた、例の「虎の尾を踏んだ」ということの根拠になっているね。

松田 そう。昨年、角栄の秘書官だった木内昭胤さんにインタビューしたとき、ズバリ「角栄がアメリカの虎の尾を踏んだと思われる時期はあったのか」と聞いてみた。

木内さんは「ない」と断言していたね。木内さん自身も、事件の参考人として検察に出頭したけれど、そんなことはない、と。

それから、一九七四年に角栄と大平が訪米した際のエピソードも明かしてくれた。当時、事件にまつわる報道は始まっていた。ブレアハウスというワシントンの国賓宿泊施設の食堂で、大平が角栄に、「(事件との関連は)大丈夫なんだろうな」と聞いたところ、角栄は明快に「大丈夫だ」と言い切っていた、と。

角栄は自分が潔白だという思いは強かったはずで、何らかの落ち度があった程度ではないか、というのが木内さんの見立てだ。

早野　松田さんは、どう思う?

松田　うーん……中曽根は『自省録』で、角栄が独自の資源取得外交を展開しようとしたため、結果的にアメリカの虎の尾を踏むことになったのではないかと書いている。事件から随分経ち、中曽根がハワイでキッシンジャーに会ったときには、「ロッキード事件は間違いだった」と密かに言われたことを明かし、キッシンジャーは事件の真相について、かなり知っていた様子だったとも書いている。

それが「角栄冤罪論＝虎の尾説」の一つの根拠になっているのは確か。渡辺美智雄とか、政界でも何人かから「虎の尾説」を聞かされたけど、具体的な言質を示したのは中曽根だけなんだ。

早野　なるほど。事件当時、中曽根と角栄の「仲」はどうだったんだろう?

松田　角栄は中曽根政権誕生に大いに手を貸したわけだから、その後の事実関係を見ても両者の関係が決定的に悪かったとはいえないと思うよ。後に自著でキッシンジャー証言を明記したのは、角栄に向けた「友情の証」とも読めるわけで。
早野　しかし、角栄はキッシンジャーに嫌われていたみたいだね。
松田　さっきも言った通り、理解ができなかったんだと思う。
早野　それと、贈賄側を免責して得た供述に、果たして証拠能力があるのか、ということもロッキード裁判の争点になった。これに関しては、角栄死後の最高裁判決で最高裁自身が、「嘱託証人尋問調書」の証拠能力を否定する見解を盛り込んでいる。最高裁が自己否定しちゃったわけだよ。
松田　超法規的に免罪符を与えて嘱託尋問した、というね。かなり無理な捜査をしているわけで、すべて整合性がとれているわけじゃない。
早野　いずれにせよ、事件から四〇年経ってもなお、ロッキード事件はまだまだ闇が深い。
松田　事件が風化していくなか、だからこそ冷静に、客観的に検証し直すべきなのかもしれない。法律的なことも含めてね。

辞職勧告――中曽根の「涙」と手紙

松田　ロッキード事件の判決が出たのは、中曽根政権が成立して、ちょうど一年のときだった。この間、三木武夫から福田赳夫、大平正芳、鈴木善幸と四人の総理が二年前後の短期政権をつくり、一九八二年一一月二七日に中曽根政権が成立していた。

で、八三年一月二六日の論告求刑を受けて、社会党などの野党から「田中議員辞職勧告決議案」が出された。総評の富塚三夫事務局長などが御用提灯を持って、「御用、御用」と田中邸に押し掛ける騒ぎもあったっけ。

早野 それを秦野章法務大臣が「一〇〇年前に歴史が戻ったような気がする」と批判した。秦野は衆院の本会議場で角栄と握手して、顰蹙《ひんしゅく》を買っていたんだよね。

松田 みんな、角栄のことを「すごい強力な権力の塊だが、実体が見えない。誰もうまく説明できない」と感じていた、そういう権力に立ち向かおうと、江戸時代の御用提灯を持ったようだね。

早野 当時はもう、角栄は〝闇の権力〟になっていたから。これについては、後でもう少し話すことにしよう。

判決の日に話を戻すと、角栄は「三項目の所感」を発表した。これが「不当な判決であり、断固戦い抜く」というような強い調子でね。

これ、早坂茂三が書いたんだけど、実は僕、事前に彼から「早野くん、これでいいかな」って見せられたんだよ。僕が口を出すのは変な話だから、「まあ、いいんじゃないですか」って。もちろん角栄も読んで「いいだろう」ということで発表したが、実に評判が悪かった。

たぶん、「裁判所は基本的に正しいものだ」という意識があるから、国民は受け入れ難かったのだと思う。「少しくらい反省の気持ちはないのか」という反感を買ったわけだ。それで角栄も「所感は強すぎたな。もう少しソフトなものを出そう」と言って、後日、改めて「所懐」を発表した。

反省まではいかないながら、「世間の批判にもよく耳を傾ける」みたいなニュアンスを込めたものを書いて、国民感情を落ち着かせようとしたんだね。

松田 その「所懐」は、一〇月二八日にホテルオークラで中曽根と会談した後で発表したものだね。

早野 そう、結びに「中曽根の友情に感謝し、一審判決を厳粛に受け止め、さらに真実の探求を願う」云々の文章がある。僕にはとても角栄の本心には思えなかったな。

ところで、中曽根はどういうつもりで角栄との会談に臨んだんだろう?

松田 誰かから「角栄は有罪判決が出たら辞める腹積もりだ」という情報を伝えられて、中曽根はてっきり角栄が議員辞職してくれるものと思っていたらしいと、後藤田は推理している。会談に持ち込み、いざ会って話してみると、話が全然違う。角栄には辞める気なんかなかったわけだ。

早野 あの会談のとき、最初の一五分くらい、控えの間との間のドアが細く開いていたんだって。早坂が「聞いていた」と言ってた。その後閉まって、二人きりでの話になって。

松田 中曽根は「涙の会談」と称していて、「同期として互いの心情を吐露し、泣いて抱き合った」というふうな総括で、本当のところ何を話したのかはよくわからない。

中曽根の〝日記〟には〈田中首相に会う。情を尽くして助言する。相互に涙あり。以後、談話を発表する。自粛、自戒の心境を伝える。政治家の進退を外部から強要することは無理である。自らその気持ちになって、自ら行う以外、進退はありえない。一時間近く話し合ったことによって、情と当方の客観的認識は通じていれば、あとは本人自らが行うことである〉とある。

ただ、後に中曽根にインタビューしたとき、「会談での主題は『三項目の所感』だった。さらに田中角栄の進退問題にも触れた。世論は厳しいもので、角サンもこの辺で進退を考えてみたらどうだ、ということまで言った」と明かしてくれた。

あと、会談に先立って、中曽根は角栄に便箋一四枚の長い手紙を書いている。それを中曽根の秘書の上和田義彦が、角栄の金庫番である佐藤昭のもとに持って行く。「これはオヤジから預かってきた。昭さんに渡してほしい。角サンに渡す渡さないは昭さんが決めてくれていいが、とにかく君には渡す」と言って委ねた、ということだ。昭さんは「こんな手紙は渡せない」と言ったらしい。

まぁ、中曽根は世間的な目を意識して、一応は田中に議員辞職を進言したという実績を残さなければ、ということがあったんだろう。一種のパフォーマンスかな。

早野　中曽根は角栄の力で総理になれたようなものなのに、どんな気持ちで辞職を勧めたのかな。

ちなみに、岸信介も議員辞職を勧めに田中邸に来たんだよね。でも、角栄に「あんたも巣鴨に入っていたから、今でもそんなに元気なんだよ。俺も勲章をもらえるわけじゃない。お互いに厳しいところを生きてきたんだ」と言われて、辞職のことは言い出さずに帰ったという話だ。

松田　ああ、岸はA級戦犯被疑者として連合国軍に逮捕され、巣鴨拘置所に拘置されたからな。角栄はおそらく、「それでも政治家を続けたあんたに言われたくない」と、皮肉をこめた言い方をして追い払ったんだろう。

早野　ともあれ、角栄は一九八三年一二月一八日の衆院選挙で、生き残りを懸けた戦いに打って出た。で、何と二二万票を獲得しちゃった。

松田　でも、自民党は惨敗して、過半数割れ。

印象深いのは野坂昭如が加わって、今で言う劇場型選挙みたいな一面もあったね。取材が新潟三区に集中して。メディアとしては「ロッキードで有罪判決を受けた角栄が当選するのはおかしい」という論調に持っていきたいのに、やればやるほど地元民の「俺たちが角栄を当選させてやる！」って気持ちに火をつけちゃう。

早野　新潟三区にしてみれば、草莽崛起《そうもうくっき》だね。「ロッキードでいじめられている角栄を救う」というような受け止め方をしたと思う。

僕は開票の日の夜、田中邸に潜り込んだんだよ。新潟三区の開票が始まって、最初に三島町の確定票が入ってきてね。前回の一・五倍の二二二三票だったものだから、秘書たちは「これは二〇万票いくぞ！」と大騒ぎだった。

早坂はインテリらしく、「これは、オルテガの逆襲だよ」なんてつぶやいていたっけ。スペインの哲学者オルテガが書いた『大衆の反逆』という大衆社会論を思い浮かべたらしい。

角栄は僕の顔を見て、「すごいだろ？　いやあ、今回はマスコミのおかげだよ。俺も恥も外聞もなく頑張ったけどな」と言っていた。

松田　議員辞職の話も、この選挙で吹き飛んだ感じだったね。

大平内閣の誕生と〝裏支配〟の始まり

松田　さて、時間軸をロッキード事件が発覚したころまで戻そう。公判が進むのと並行して、政局がどう変遷したか。もう少し詳しく見ていこうか。

クリーン三木は厳しく角栄を追及した。そして、角栄に続いて佐藤孝行元運輸政務次官、橋本登美三郎元運輸相らが逮捕される事態に発展した。これで「反三木」の動きがしぼむと思いきや、逆だった。世論の支持とは裏腹に、政局においては三木退陣を迫る声が高まった。

早野　「前総理を逮捕させるとは」と、怒りの火に油を注いだ感じだ。主君の仇討ちに燃える「忠臣蔵」のように、挙党協（挙党体制確立協議会）が旗揚げをするなどして、三木に退陣を迫った。

しかし、三木は応じない。ロッキード追及は三木にとって、派閥抗争を戦い抜く武器でもあったから、そう簡単に手放しはしないだろう。

とはいえ結局、三木は希望した衆院解散に持ち込めず、戦後初の任期満了選挙に突入した。「三木支持か、それに代わる福田支持か」が焦点になった一九七六年一二月のその選挙で、角栄は圧勝した。前回は首相になったときのご祝儀もあって一八万二六八一票の大量票を得ており、今回はどうなるかが注目されたが、結果はわずか一万四〇〇〇票減の一六万八五二二票だった。選挙演説では相変わらず、雪国再生と列島改造だったと記憶している。

松田 一方で、自民党は大敗。三木内閣は退陣に追い込まれた。角栄がロッキード事件で逮捕され保釈された時、小菅の拘置所に出迎えに行った梶山静六までもが、まさかの落選をしている。田崎史郎の『梶山静六 死に顔に笑みをたたえて』（講談社）によると梶山は、出迎え行為を共産党の『赤旗』に報じられても、「ヤクザですらムショを出るときには出迎えに行く、いわんや最高の道徳の政治家が行かないでいいものかっ」と反論したらしい。

とはいえ、この選挙で田中派の当選議員は4減にとどまったから、「すわ、角栄復権か」という空気が漂い始める。

以後、角栄が発揮したのは〝裏権力〟だ。三木の後を受けて首相の座についた福田とは、「角福戦争」以来の対立もあって、政局をそう自由に操ることも難しかっただろうけど、幹事長が角栄の盟友、大平だからね。

早野　実際、信濃川河川敷問題に「角栄復権」の兆しは見えた。僕は一九七七年一〇月に自民党の「平河クラブ」に移って田中派の担当になったんだけど、最初にぶつかったのがこの問題だった。さっそく、いきさつを調べたんだよ。

始まりは、角栄のファミリー企業である「室町産業」が信濃川の河川敷の土地を有していたことだ。ツツガムシという毒虫が出る、誰も買いたがらないような耕作地だ。それでも購入したのは、そのあたりに新しい堤防と橋が造られることを見越していたからだろう。しかも一一月一日の官報を見ると、ここを「廃川敷《はいせんじき》」とすることを決定したとある。であれば、その土地は以後、室町産業が自由に使えることになる。共産党は「七〇〇〇万円で買って一〇〇億とは、田中ファミリーの丸儲けだ」と建設相に撤回を申し入れていた。

松田　そこに角栄の影が……。

早野　室町産業云々もそうだが、「廃川敷」処分については、三木政権がブレーキをかけていた。福田政権になってから、ゴーサインが出たわけだ。そこに角栄の存在が見えてくる。

松田　なるほど、そういうところでね。

一番大きいのは、田中派が数の力で総裁選になると政局を左右したことだろう。福田政権はそれにしてやられた。

早野　福田は三木からの申し送りで、総裁選に党員・党友も参加できる予備選を導入した。

その制度によって、自分で自分の首を絞めることになったね。

福田政権の二年間は、福田、大平、田中の三派に支えられて安定していた。福田としては、本当は次の二年も自分が総理を務めたかっただろう。就任時、自民党総裁の任期を三年から二年に短縮した。早期に大平に渡すためとの「密約説」が流布していた。大平派は大平を担いで総裁選を早期にやりたい。

松田　そこでカギを握ったのが角栄だ。田中派が福田、大平のどちらを支持するかで、総裁選の行方は大きく左右されるからね。

早野　実は二年前、福田と大平が三木おろしに動いたとき、密約を交わしていた。「次は福田、二年後は大平」という約束の文書をね。

それなのに、福田があっけらかんと「みんなから推されて、総裁選に出馬せざるをえない」と通告してきた。そりゃあ、大平は怒るよ。

松田　福田は総裁選になったらなったで、自分が勝つと踏んでいたんだろう。

早野　だろうね。現実に総裁選がスタートすると、新聞は党員アンケートを実施し、「福田断然有利」と報道していたし、余裕しゃくしゃくだったと思う。だから「予備選で二位になった者は本選を降りる」ことに合意したんだろう。

これは角栄の戦略というか……。角栄は大平を応援するも、「予備選一位になった者に協力する」という〝ただし書き〟をつけて「角大福連携」を壊さないよう手を打った。

そのうえで予備選では、田中・大平派の票が薄い東京を中心に、田中の秘書たちが党員・党友をしらみつぶしに訪ねる「ローラー作戦」を展開した。福田は慌てたが、時すでに遅し。金権批判などで田中派を牽制したものの、結果的には大平が「七四八点対六三八点」で勝利した。

松田　その総裁選には中曽根と河本敏夫も参戦していた。中曽根九三点、河本四六点と、相手にもならなかったが、河本に勝って三位につけたことで、それ以後の総裁争いを有利に展開できた。

福田が決選投票に臨んでいたらどうなったか。でも、「二位なら本選を降りる」と明言していたからしょうがない。

こうして誕生した大平内閣から、鈴木善幸、中曽根康弘と続く三つの政権をつくったのは、事実上、角栄だ。つまり、政権をバックアップする形で、〝裏支配〟をどんどん強めていった。そのあたりは、また後ほど。

「ゾウに乗った」中曽根と角栄の「政治死」

松田　ロッキード事件判決が出て以降は、さすがに角栄も弱ってきた。政権のほうで言えば、中曽根が辞職勧告しようと動いていると知ると……。

早野　角栄のほうには「中曽根内閣をつくったのは自分だ」という意識があるから、中曽根は自分の思うように動いてくれるはずだと思っていた。だから、田中派を「ゾウ」や

「ライオン」にたとえて、こんなことを言っている。
「中曽根はゾウに乗っているのに、どうしてキツネやタヌキに乗り換えるんだ。ライオンと組んでいるのが、どうしてオオカミと一緒になるんだ」と。
かなり強気だが、ふと弱気を見せるときもあったね。涙をこらえるように上を向いて、「俺だってもう辞めたいと思ったことがあったよ。でも、ここで投げ出したら、今までのことが何もならないじゃないか」と言ったりもした。

松田　角栄は世代交代が一番怖かったんだと思う。中曽根までは同期だし、裏で力を振るい得る。〝田中支配〟を続けられる。その意味では、中曽根に離反されるのはまずい。
しかも、田中派内部でも若手の不満がたまってきた。その典型が、竹下登の反乱だろう。

早野　角栄が支配している限り、自分たちの総裁候補を持てないから、不満もたまるよね。竹下は「辛抱、辛抱、永久辛抱」なんて自分に言い聞かせていたが、「次の時代をつくらなきゃいけない。いつまでも角栄の足元にはいつくばっているわけにはいかない」という動きを、いつまでも抑えつけられるものじゃあない。

松田　昔の派閥というのは、自分たち仲間のリーダーを総理・総裁に推挙するために結合しているグループだったからね。いくら角栄が裏でコントロールすることに面白みを覚えていても、下にいる者はいつまで経ってもオヤジの顔色をうかがうだけで、総理・総裁を出せないのは辛い。

早野　角栄は何とか自分をスポイルしようとする内外の動きを抑えつけながら葛藤し、そういうなかで朝からオールドパーを飲んで鬱憤晴らしをしているうちに、倒れちゃった。脳梗塞で東京逓信病院に運び込まれたのが、一九八五年二月二七日。竹下が創政会を立ち上げた二〇日後のことだった。

松田　創政会には、橋本龍太郎、小渕恵三、梶山静六、小沢一郎、羽田孜ら、田中の子飼いをはじめとする、金丸信が集めた若手議員が結集した。

早野　前年の一二月、そして一月に、築地の料亭で顔合わせみたいなことをやっている。竹下は一応、一月二七日に角栄邸を訪ね、勉強会をつくりたいと申し出ている。

その翌日、角栄は竹下にどんな話で何を言ったのかを聞くと、「国を思うなら、勉強しなくちゃいかん。政策集団をつくるのはいいことだが、変な方向にいかないよう心してやれよと言ってやった」とのことだった。ポツリと「二階堂（進）は若い者に刺激を与えたなぁ」とも洩らしていたね。

後で触れるが、二階堂は創政会立ち上げの前に、角栄が中曽根再選を目指しているのに、勝手に総裁選に出ようとしたんだね。これも角栄にしてみれば、〝裏権力〟に逆らう反乱だったわけだ。

松田　退院後、角栄は目白台の自宅に戻って、眞紀子の看護の下で引きこもり、人前に出なくなったね。

で、娘婿の田中直紀が角栄の引退表明を読み上げたのは、四年後の一九八九年一〇月一四日。角栄の時代が終わった。

早野 その年は、世界ではベルリンの壁が壊れ、東西冷戦が終わり、国内では年号が昭和から平成に変わった。角栄の引退を含めて、時代の節目の年と位置付けられるだろう。

ただ僕は、入院したときが角栄の「政治的な死」だと思っている。現実に亡くなったのは、一九九三年一二月一六日だったが。

松田 思えば、田中支配は結局のところ、世代交代のなかで終わったということじゃないかな。「三・角・大・福・中」の最終ランナーだった中曽根だが、ニューリーダーたちのトップランナーに立っていた。その時代の流れ、世代交代の波が、中曽根の〝脱田中支配〟とのタイミングと合致した気がする。

早野 そうね、時間の流れだけは防ぎきれない。誰もがみんな、一年ごとに年をとっていく。政治状況も変わる。権力構造も変わる。角栄権力とて例外ではなく、永久ではありえなかった、ということだね。

さて、このへんで中曽根政権の話に移ろうか。

第五章

「田中曽根内閣」の誕生と自立

中曽根内閣発足（上／1982年11月27日）
自民党新総裁に選出され、記者会見（下／1982年11月25日）

「ハプニング解散」と中曽根の〝雲隠れ〟

松田　中曽根内閣について語る前に、誕生の経緯をおさらいしておきたい。背景に自民党内の権力抗争があって、それがどうも中曽根に有利に働いたと思えてならない。

早野　一九八〇年五月一六日に、社会党の飛鳥田一雄《あすかたいちお》委員長が衆院で大平内閣不信任案を出したことに端を発する、あの「ハプニング解散」あたりからいこうか。

この不信任案提出自体は表向き、浜田幸一のラスベガス・カジノ疑惑など、一連のスキャンダルが理由だ。しかし、注目されたのは、自民党の反主流派が不信任案に同調するか否か、ということだった。

松田　そう、その前年一〇月の衆院選で、大平は「一般消費税を検討している」と言って自民党は惨敗した。それで福田から退陣を迫られ、決着の場を衆院本会議の首相指名選挙に持ち込んだ。福田赳夫と大平正芳のほぼ一騎打ち。いわゆる「四〇日抗争」ね。

結果的に角栄が味方した大平が勝って続投となったものの、この「大福戦争」のときの対立が尾を引いていた。要するに、大平を引きずりおろしたかった。

早野　とはいえ、同じ与党なのだから、大っぴらに不信任案に乗るのもためらわれる。大平に敗れて反主流になった福田派と三木派は、そんなことから賛否を決めかねて、本会議を欠席した。

一方、中曽根は出席して「反対票」を投じたが、出席者は大半が賛成派の野党だから、結局、不信任案が可決された。

松田　あのとき、中曽根は派内が二つに割れて、悩んだんだ。誰にも知らせずに議員会館の自分の部屋にこもって、一人で考えていたんだね。ふつうは自分の派閥内の事務所にいるものだから、みんな、「中曽根はどこに行ったんだ」って探し回っていた。

中曽根としては、うるさく攻勢をかけられるのがイヤだったんだろう。中曽根派には中尾栄一や稲葉修など、福田に近いメンバーがまだたくさんいて、小さい割にはあまりまとまりがよくなかった。

早野　なるほど、たしかに中曽根の周りには、論客がいっぱいいた。もちろん田中派にも、二階堂進がおり、田中派・七日会の初代会長である〝おじいちゃん〟こと西村英一がおり、何となく次を狙っている金丸信や竹下登がおり……と、なかなか多士済々ながら、角栄の指揮の下で統率は取れていたね。

松田　要するに、中曽根は雲隠れしたんだよ。それで一人で考えて、出席することを決めた。本会議場に行くと、入れ替わりに森喜朗が出てきた。「福田先生が怒っている」と伝え、中にいる政調会長の安倍晋太郎を引っ張り出すメッセンジャー役だったんだ。中曽根が入っていった。僕はその入れ替わりを見ていたんだけどね。

それにしても、野党側はまさか不信任案が可決されるとは思っていなかっただろうし、自民党の反主流派のうち欠席も行き当たりばったり。大平は可決後に内閣総辞職ではなく、衆院解散に踏み切った。後藤田の進言といわれている。

みんな、「こんなことになるとは……」と、まさかの結末にうろたえた。それが「ハプニング解散」と呼ばれる所以だね。

早野　中曽根は権力抗争になると、鼻がきくところがあるから、ここは主流派に同調しておこうと考えたのかな。

松田　それはある。史上初の衆参同日選挙になって、自民党執行部は不信任案に反対した田中・大平の主流派や、反主流派のうち、本会議に出席して反対票を投じた中曽根派の議員などを第一次公認とし、欠席した反主流派の議員は第二次公認としたから、「出席した者勝ち」みたいなものだよ。

中曽根はおそらく、その後政権を担うことを睨んで、田中・大平ラインの心証を良くしておくつもりだったはずだ。

「大平さん、死んだぞ」

早野　前年から三回の外国訪問をし、帰国したら内閣不信任騒ぎと大変なこと続きで疲れたのだろう。大平はそれからまもなく五月三一日に心筋梗塞で倒れ、六月一二日午前五時五四分に亡くなってしまった。

それで、衆参同日選挙が弔い合戦の趣を呈し、自民党が大勝した。大平が倒れたとき、松田さんはどうしてた？

松田　中曽根の選挙運動に同行していて、亡くなった日は福井のあわら温泉にいた。明け方、「大平さん、死んだぞ」の声で起こされて、「えっ」と顔を上げると、目の前にツンツルテンの浴衣からはみだしたおっさんの足が見えた。知らせてくれたのは、中曽根さんだったんだ。

中曽根は私ら同行記者団を引き連れ、急いで小松空港から帰ってきた。早野さんは？

早野　僕はちょうど新潟支局に転じていたころで、六月一〇日の夜は新潟市内の旅館で角栄にサシで会った。角栄は選挙運動で真っ黒に日焼けして、鮭茶漬けを掻き込んでいたっけ。「今日は六〇〇〇人に会ったな」とか言いながら。

あと、竹下登や安倍晋太郎らが世代交代の気勢をあげていることにも触れて、「竹下が田中派を抜けられるわけはない」とも言っていた。

そのとき、角栄は翌一一日に東京に戻り、一二日朝に大平に会う予定だと聞いた。なぜか、大平が角栄に会いたがっていたんだよ。会う前に亡くなってしまったから、何を話したかったのかはわからないけど。

松田　大平を失ったのは、角栄にとって痛かったね。何といっても大平は、角栄が裏権力を維持するための重要なカードだ。

中曽根にとっては、逆だよね。世代的に言って、角栄が切れるカードはもう中曽根だけになる。それだけ、総理の座が近づく可能性は高まる。

早野　そうね、次の世代にページをめくられるのを阻止するためには、ますますもって中曽根しかいなくなる。だから、角栄は中曽根を支え続けたわけだ。

ところで、六月一三日に行われた大平邸での通夜と、一四日の密葬は、角栄が乗り込んで仕切ったんだよね。大平はキリスト教を信仰していたから、葬儀もキリスト教式。大平の娘婿で、当時は衆議院議員だった森田一が、「どうして角栄がキリスト教の葬式の実務を知ってるんだろう」と感嘆していたことを覚えてる。

松田　角栄って、すごく葬式を大事にするね。僕が驚いたのは、渡辺美智雄の継母が亡くなったとき、どうやって聞きつけたのか、角栄がやって来たこと。渡辺は継母と疎遠になっていて、中曽根派も含めて誰にも知らせずに、内々で葬儀をやったのにもかかわらず、だよ。渡辺も「どうして知ったんだ？」と不思議がっていたね。

そのとき、角栄は「葬式は必ずやれ。結婚式と違って、人生に一回きりしかない。義理を欠くな」と言ったという。

早野　角栄の一つの人生観だね。本当に葬式を大事にする人だった。

実際、葬式にまつわるエピソードには事欠かない。たとえば竹下登の父親が亡くなったときは、飛行機をチャーターして、約七〇名にも上る田中派議員が駆け付けた。

また、現在ポスト安倍を狙っている石破茂の父であり、田中の盟友でもあった石破二朗が亡くなったときは、田中派議員による友人葬を行い、自ら葬儀委員長を務めた。鳥取県民葬よりも多い弔問客を動員した。石破茂に政界入りを勧めたのは角栄だ。

松田　そんな角栄だったからこそ、母親のフメさんが亡くなったときは、ロッキード事件で逮捕起訴されたにもかかわらず、三〇〇〇人を超える参列者が集まったんだろう。

早野　角栄の人徳だね。

「幕が開かないまま芝居は終わっていた」――最大の挫折

早野　大平の次を担ったのは鈴木善幸だ。でも、中曽根は「次は自分だ」と思ってたんじゃあないの？

松田　本命と思っていたが、逆転する手がかりもなかった。「幕が開くと思ったのに、開かないまま芝居は終わっていた」というような〝名台詞〟が残っている。

早野　善幸にバトンタッチされた裏には、やっぱり角栄の思惑があったんだろう。

松田　角栄にとっては、使いやすい、自分の意向を反映してくれる人物だったね。

早野　古くは宏池会に所属した池田（勇人）の側近であり、大臣ならびに党三役の経験も豊富。首相就任前後の時代は大平派の大番頭であり、「三木おろし」を主導したり、「大福密約」をとりまとめたりなど、善幸は大平の後継者にふさわしいと言えばふさわしい。挙党体制構築が一番で、角栄から見れば中曽根は、「まだだ」ということだったんだろう。

松田　そういうことだね。でも、中曽根にとっては、このときは善幸に首相の座をさらわれて、結果的には良かったんだよ。それが中曽根の人物を大きくしたと、僕は思っている。「幕が開く前に芝居は終わっていた」と形容されているが、政治家として味わった最大の挫折だっただろう。

それ以後の中曽根は肌合いが違う。大平の側近やブレーンと交流を深めるなどして、人的ネットワークの拡大に努めた。善幸内閣でも、行管庁長官に徹して支え続け、「ニュー中曽根」をアピールできた。

早野 ただ、鈴木善幸内閣は平凡かつ平穏な政権だったという感じで、格別の印象はないなぁ。退陣も自分から投げ出した形だったでしょう？　角栄は鈴木再選を支持していたから、誰もが再選確実と思っていたんだが。

松田 退陣の直接のきっかけは、「日米同盟には軍事は含まれない」と発言したことだった。それで伊東正義外務大臣と対立した。同じ宏池会の仲間なのに。

早野 で、伊東は辞任。この発言には岸信介も、自分が日米安保条約を改定したものだから怒ったようで、鈴木を辞めさせようとしたとも言われている。

善幸はもともと社会党の出身で、素直な平和主義者だから、そういう認識だったんでしょう。中曽根はきっと、「違うぞ」と思っただろうね。

松田 そりゃあそうだ。でも、この問題だけではなく、善幸は角栄にあれこれうるさく指図されることに辟易していたことが大きい。辞めるときも、意識的に角栄に伝えなかった。

中曽根の〝日記〟によると……。

早野　日記って、公開されてるの？

松田　『中曽根内閣史』（世界平和研究所）のなかに。日記と呼べるほどのものではなくて、メモみたいなものだ。中曽根はよくメモを取る人だから。

早野　確かに、いつも何かメモをしていたね。

松田　そのメモを日記風に自分で書き直していたんだけど、『中曽根内閣史』の編纂段階で、「メモはメモとして、そのまま資料として残しておいてください」と、学究肌の秘書から助言された。

早野　ああ、中曽根さんはすぐに脚色しちゃうから。

松田　まぁ、中曽根に限らず、政治家って結果に合わせて都合よく話を脚色するんだよ。たとえば予見もしていないのに、「私は予見していた」とか、平気で言う。だから、中曽根の日記には、メモ集と自分で日記風にリライトしたものと二通りある。

その日記によると、善幸が次の総裁選に出馬しないと連絡しなかったのは、角栄との関係が悩ましかったからだというようなことが記載されている。何度か、中曽根にも角栄について繰り言を言っていたそうだ。

また、善幸が派閥の幹部を私邸に集めて、辞めることを伝えたときは、こんなことを言っている。「角福戦争のツケを僕のところに持ってこられても困る。だからこそ気を付けて、最後まで角さんには電話一本しないようにしているじゃないか。こんなことでは角福の怨念のなかで、僕はぼろきれみたいにされ、最後はポイとやられちゃうよ」と。

早野　要するに、善幸はイヤになっちゃったんだな。二階堂を自民党総務会長や幹事長のポストに置いて重用したことを、角栄は快く思っていなかったみたいだし。

でも、中曽根は善幸が辞めるつもりでいることを知っていたの？　二階堂は？

松田　中曽根と田中六助は事前に聞いていた。二階堂が知っていたかどうかはわからないが、中曽根が角栄に話したら〈すごくびっくりしていた〉ということが日記にあるね。

もう一つ、善幸が総裁選に出なかったのは、総裁選になると善幸政権は是か非かを問うことになるから、それに耐えられなかった、という話もある。

善幸自身が続投すると言えば、角栄も支持しているし、中曽根も従わざるを得なくて、総裁選を避けることもできた。それなのに、中川（一郎）と河本（敏夫）がすでに準備を始めていると聞いて、総裁選は避けられないと思ったのかもしれない。

早野　そうして一九八二年一〇月一六日、ポスト善幸の総裁選が告示された。出馬したのは、中曽根康弘、河本敏夫、安倍晋太郎、中川一郎の四人だ。いずれも、田中派の票がなければ、絶対に当選しないという状況だったね。

総・総分離、〝おんぼろ神輿〟――中曽根政権、波乱の船出

早野　角栄は中曽根を推すことに決めた。善幸には「鈴木派から候補者を出すな」と電話で釘も刺した。最初は総裁選をやらずに、話し合い選出できないものか、善幸と幹事長の

二階堂に福田赳夫が加わって三人で調整を試みた。

福田にしてみれば、総裁予備選になると田中派が中曽根を押し上げることになるのは必至。何とか食い止めたかったのだろう。

松田　その話し合いでは「総裁予備選実施もやむなし」との結論が出かかったが、そこに田中派の国対委員長、田村元が飛び込んできて、「総・総分離」を提案した。「自民党総裁は福田、総理大臣は中曽根」という二元体制だね。通常は一人の人が兼務する形だけど。

福田は最初、自分が自民党総裁になるのをイヤがった。それを「総・総分離」に賛成する河本・安倍・中川らが説得し、最後は容認した形だった。ところが、中曽根は反対で、角栄に電話したところ……。

早野　「そんなものは絶対に受けちゃいかん。蹴飛ばせ。予備選だ！」と一喝した。「角福戦争」の経緯からすれば、福田にいささかでも妥協するなど、ありえない。中曽根にしたって、半分だけ総理大臣なんて冗談じゃないと思っただろう。

角栄は権力の本質をつかんでいたから、総理と総裁を二人で分け持つことはできない、勝つか負けるかだと考えていたはずだ。

この夜、僕は自民党本部近くのホテルの一室で、角栄秘書の早坂と一緒にいた。彼はその部屋にこもって、自民党本部の職員たちが三者協議の様子を連絡してくる電話を受け、それを角栄に報告する役回りだった。横にいる僕には、一連のやりとりが手に取るようにわかったよ。

最終的に「中曽根が『総・総分離は憲政の常道を破るもので、受け入れられない』と蹴った」という旨、早坂経由で角栄に伝わると、「それで、よし」。電話口から、角栄の大きな声が漏れ聞こえた。

角栄はこんなふうに残置《ざんち》諜者《ちょうしゃ》、つまり敵陣に潜入させて情報を取る者を使っているのかと、改めて感心させられた。

松田　総裁選に入る前にもう一つ、厄介なことがあったよね。金丸や竹下、後藤田らを中心とする若手が、田中派から独自候補を出したいと言い出した。

早野　そうそう、それで金丸と後藤田が角栄に談判して、中曽根支持に異を唱えた。「あんな〝おんぼろ神輿〟を担ぐんですか」と。このとき、中曽根を〝おんぼろ神輿〟呼ばわりしたのは金丸なのか、後藤田なのか。

松田　二つの説があって、はっきりしない。〝金丸説〟によると、「中曽根嫌いで通っている金丸が『あんな〝おんぼろ神輿〟など担げるかい』と難色を示した。しかし、後藤田は『ほかに人がいないではないか。それなら〝おんぼろ神輿〟を修理して使うしかない』と言って、結局は金丸が折れた」ということになっている。

でも、金丸は、〝おんぼろ神輿〟と言い出したのは後藤田だと言っている。

早野　つまり、後藤田は金丸、金丸は後藤田が言ったと。それぞれの言い分が食い違っているんだね。

僕は自分の著書で、〝金丸が言った説〟を採用した。服部龍二が書いた評伝『中曽根康弘「大統領的首相」の軌跡』(中公新書)は後藤田説なんだけど、ちゃんと「金丸説もある」と付記していた。彼は学者だからね。

松田　一方で、早坂茂三の『田中角栄回想録』(集英社)には、別のことが書かれている。田中の〝意中の人〟が中曽根らしいとの話が流れ、目白台に現れた金丸が「おかしいじゃないか。中曽根は信用できるのか」とねじ込むと、角栄は「ほかに誰がいるか。いないじゃないか。心配するナ。中曽根はボロみこしだ」と言って、なだめた——と。

早野　魑魅魍魎《ちみもうりょう》の政界ならではの話だね。

それにしても、こんなに揉めに揉めて総理になった中曽根なのに、意外と言うべきか、五年も続いた。それはやっぱり、角栄が世代交代を嫌って、中曽根を支え続けたことが大きいだろうね。

松田　そうね。中曽根は〝三角大福中レース〟の最終ランナーだったが、角栄が表に出られずに裏で政局を動かしていたおかげで長期政権を維持できたところもある。

角栄のすごさは「総理になるまで」、中曽根は「総理になってから」

早野　さて、一九八二年一一月二七日、いよいよ中曽根内閣が誕生した。内閣の顔ぶれがまぁ、田中内閣じゃないかと思うくらいで驚いたよ。幹事長の二階堂は留任で、官房長官は角栄の懐刀と言われる後藤田だ。どういう心積もりだったんだろう?

松田　「後藤田を官房長官にしたい」というのは、前々から言っていた。だから、角栄の意向ではなく、中曽根の発想。二階堂の幹事長は角栄が言ったと思うけど。
早野　自分のことを〝おんぼろ神輿〟と言ったかもしれない人なのに？
松田　後藤田の官僚掌握術をすごく買っていた。内務省の先輩でもあるしね。
　中曽根は善幸内閣のときに行管庁長官で、八一年三月にスタートした第二次臨調（臨時行政調査会）に関わっていたこともあって、行政改革を重視していた。これをやり遂げるためには、後藤田のように官僚の表も裏も知り抜いている人の力が必要だった。
　内閣官房長官というのは総理の名代役だから、ふつうは身内の派閥から引き抜く。でも、中曽根派は党人派閥だから、官僚出身で官僚を操縦できる人が少なかった。
早野　確かに、後藤田が一年やった後を藤波孝生が引き継いだが、ちょっと弱いな、という印象だった。その意味では、「剛直な政権をつくる」というイメージで組閣した、その象徴が後藤田官房長官、という見方もできる。
松田　後藤田にしても、「角栄の懐刀で終わりたくない」という気持ちが強かったんだろう。それまであまり見せなかったハト派的な発想なども、中曽根内閣のなかでなら展開できる。「田中あっての後藤田」ではなく、「後藤田の自立」を行動で示したかったんじゃないかな。
早野　それは大事なところだ。後藤田は角栄の粗野だけど野生の強さがあるところは十分に評価していた。しかし、「政治というものは本当はそうではない。『理』が大事なんだ」

と思っていたのだろう。

松田　彼の本のタイトルがまさに「情と理」だよね。

早野　そうだった。政治は権力闘争ではない。重視すべきは民主主義よりも統治機構——さすが元内務省官僚だけあって、そのへんの発想は卓越していたね。

松田　戦前の内務省には警察もあれば厚生省、国土庁もあった。統治機構のほぼ全域を握っている役所だったからね。

ちなみに、中曽根派から入閣したのは、通産大臣の山中貞則と、郵政大臣の檜垣徳太郎の二人だけ。山中は河野の弟子で同僚だが、檜垣は、中曽根が若い頃からやっていた青年懇話会という勉強会のメンバーでもあった。

早野　こうして振り返ってみると、中曽根は歴代総理のなかでも政権に対する覚悟、発想の仕方が卓抜していたように思えてきた。「政治は人間交響楽である。政治とは、いかに内閣をつくり、また内閣を倒すかということに帰着する。権力の攻防はすさまじいものがある」という政治観を語っているし。

角栄は数の力で「俺の言うことを聞け」というようなやり方で、中曽根のような理念や統治機構に対する論理的思考は欠けていたね。

松田　とはいえ、組閣名簿を見たときは、僕もびっくりした。世間から「田中曽根内閣」と揶揄されたように、田中の傀儡《かいらい》のようにも感じた。

でも、すぐに「違うんだ、考え抜いたんだ」と思い直した。というのも、実は総理に指名された日の夜、中曽根がそれまで執務していた行管庁長官室に戻って、卓上灯だけつけて国会議員名簿を黙々と見る姿を目にしたから。権力のすごさに圧倒される思いだった。

国会議員名簿を見ながらの組閣名簿作りに驚くとともに、ああやって考え抜いて敷いた布陣なんだなと感じ入ったことを覚えている。

早野　そういったことを考え合わせると、総理大臣という役柄としては、角栄より中曽根のほうが上だったのかなぁ。上下を議論しても始まらないし、角栄派としては悔しいけど。トップに立つ者としては、中曽根的な若干権力主義的支配のほうが、それなりに周到にやれば成功するようにも思える。僕も中曽根政権の朝日新聞の官邸キャップをやっていて、中曽根はすごい男だと思ったよ。

松田　僕が言うのもなんだけど、角栄のすごさは総理になるまで、中曽根のすごさは総理になってからだ。

早野　まず、スタート地点の政治的位置が全然違うからね。中曽根は「傍流国家主義」、角栄は「本流人民主義」という感じで。

松田　「国家観」を持つというのは、総理になるまでの中曽根の最大のセールスポイントではあったよね。後年、タカ派と言われながらも、自由にリアリストに戻っていく部分と、理想に燃えている部分とがあったように思う。

早野　まぁ、角栄的なるものと、中曽根的なるものと、両方あるのが理想だけどさ。

必ずレーガンの隣に立つ——世界政治家への志向

早野　角栄の時代までは、発想の基本は「内政」だった。もちろん日中国交正常化やアメリカとの貿易摩擦などの大きな問題はあったが、「世界政治を視野に入れた外交」という意味では、中曽根がその基礎をつくったと言える。というより、総理になってついに「世界政治家」を志した感がある。

松田　それまでは外交で頑張っても、中曽根のように外交や安全保障を専門的にやっても、なかなか票には結びつかなかった。外交族なんか、「やる意味がない」に等しい扱いを受けていた部分もある。

しかし、日本が経済大国になっていくなかで、対米外交だけでなくそれにふさわしい国際的認知を受けるべきだと考えられるようになり、外交に力を入れ始めた。三木が一九七五年にフランスで開催された「第一回サミット」に参加したころから、変わってきたと思う。

早野　サミットと言えば、中曽根は一九八三年の米ウィリアムズバーグ・サミットに行ったとき、レーガンの隣に割り込んで記念写真におさまり、話題になったね。

従来の慣例に則った序列からいけば、主催国の米大統領が真ん中で、当時序列六位の日本の首相はもっと端っこに行かなきゃいけなかったんでしょう？

松田　中曽根はあのとき、「必ずレーガンの隣に立とう」と決めていたらしい。
早野　僕ら、「割り込むなんて図々しい」とか何とか、悪口を言ったものだが、よかったのかな、もう割り込んだって。アメリカと対等につき合えるくらい、日本の国力は上がったと思っていたのだから。
松田　国民にしても、自国の首相が端っこのほうで遠慮して立っているより、堂々と中央にいるほうが、「日本はもう名実ともに経済大国だ」という満足感が得られるしね。
あと、中曽根には「時代的にもう、アメリカに追随しているだけでは済まなくなっている」という認識があったと思う。善幸内閣でのマイナスの遺産——つまり、なかなか決着しない韓国への経済協力問題などをどうプラスに転じていくかは常に考えていた。だから、総理になって最初に行った先は、アメリカではなく韓国だった。
早野　「総額四〇億ドル」を貸すのは多過ぎるとか、多過ぎないとか揉めていて、でも中曽根が即座に決めてきた。彼の力量を感じさせたね。
松田　中曽根さんって、語学力があるから、それを外交戦術として巧みに生かしていた。英語で話せるのはもちろんのこと、韓国でも韓国語でスピーチした。
会談の後は全斗煥《チヨンドウファン》とカラオケに行って、一緒に「黄色いシャツの男」を歌ったって。Kポップのルーツとも言われるウェスタン調の曲で、日本でも大ヒットしたよね。で、全斗煥のほうは日本の……いや、やめておこう。これは極秘事項だから。
早野　もう何十年も経ってるからいいんじゃない？　まぁ、当時はそのことがうっかり表に出たら、韓国で反政権運動が起きちゃうからな。
　でも、あのときは韓国が戦後初めて日章旗を揚げて、楽隊が「君が代」を演奏してくれた。歓迎ムードはあったのかな。
松田　中曽根がいつも言っていたところによると、「迎えてくれたときは冷たかったけど、帰るときは熱狂的に見送ってくれた」そうだ。
　それ以前の総理は、就任するとまずアメリカを訪問したものだが、中曽根は「まずアジアから」というのを非常に意識していたね。
早野　語学力で思い出したけど、フランス語もできたね。『パンセ』などの名著を、「途中まで、自分で訳してみた」なんて話をよく聞いた。
松田　フランス語は相当なものだよ。訪仏した中曽根は、パリでシラク市長（後の大統領）と一緒に演説した。その時、聴衆として参加した女優の岸惠子は、後に中曽根との対談で「日本の総理はいつも名前が知られず終わってしまうのに、中曽根さんのほうがシラクよりフランス語も話の内容も素晴らしかった」と、舌を巻いていた。
早野　へぇ、岸惠子が……。フランス語もシラクより上手だったら、すごい話だよね。
松田　どの国に行っても、少なくともスピーチの冒頭はその国の言葉で話す。そういうことが当たり前に行われている今と違って、あの時代に現地の言葉で挨拶する、なんて発想などなかったから、そこはすごいなと思う。
早野　角サンはだいたい日本語で、しかも新潟弁だもんね。でも、確か一回だけ、英語でスピーチをやったことがある。国連だったかな。

松田　あった、あった。眞紀子にカタカナでルビふってもらったんじゃない？

早野　いや、国連じゃないな。ルビじゃないな。英語でスピーチしたのは、一九六二年に大蔵大臣に就任して二カ月後にワシントンで開かれた第一七回ＩＭＦ（国際通貨基金）総会だった。で、旅立つ前に眞紀子さんがスピーチ原稿をテープに吹き込んでやって、そのテープで練習をしたんだ。

最初は、大蔵省切っての〝英語使い〟の柏木雄介が吹き込んだテープでやったんだが、うますぎる。それで夏休みで留学から帰ってきた眞紀子さんが自分が英文を読み上げて、テープをつくりなおしたんだね。

松田　だけど、英語はともかく、角サンの日本語は聴衆を惹きつける力があったな。自分でもわかっていたと思う。

大下英治が書いた『二階俊博の政界戦国秘録①』（紀州新聞社）には、それを裏付けるエピソードが紹介されている。角栄は、政治家の資質を五〇人の前で話ができる人、五〇〇人の前で話ができる人、一〇〇〇人の前で話ができる人に大別しているが、五〇〇〇人を前に「聞かせる」ことのできる人は、そういないと言っている。自分と中曽根くらいのものだと自負しているんだ。

ところで、ＩＭＦ総会ではどんなスピーチをしたんだっけ？

早野　総会のテーマは「貿易自由化の促進」。角栄は、日本の輸入自由化率が九〇％になることをアピールする一方で、日本の輸出に対する差別的輸入制限をやめるように訴えた。

松田　そうだ、その演説をきっかけに、日本は翌年、世界で二五番目の「八条国」入りをしたんだった。

早野　そう、日本はそれまで「国際収支を理由に為替制限ができる」十四条国だったが、経済力が上がったことによって八条国、つまりＩＭＦ協定第八条の規定に基づいて、為替制限を撤廃した国に移行した。

選挙区の演説でも、角栄はしばしば蔵相時代のことに言及した。「食うや食わずの日本がですね、ＩＭＦの八条国になったんですよ。そしてＯＥＣＤ（経済協力開発機構）に加盟した。世界でね、日本は一人前になった。一〇番に入る先進国になったんですよ」というふうに。そうして、ひとしきり世界経済を論じた後に、「隣に蔵がたてば腹が立つ、と言いますがね、日本はうらやましがられるとともに憎まれたりする」などと話す。少々落語調ながら、やっぱり角サンの日本語は面白いよね。

今にして、角栄の英語の苦闘は、日本経済が国際化に向かうための苦闘でもあった、というふうに思うね。

「反米」との折り合いをつけたロン・ヤス関係

早野　中曽根は「まずアジア」と言いつつもアメリカに飛び、別邸の日の出山荘にレーガンを招いて、お互いを「ロン・ヤス」と呼び合う親密な関係になったでしょ。それ、嬉しがってなかった？

松田　嬉しがってた。

早野　僕はその様子を見て、ずっと「反吉田」であり、「反米」を主張し続けてきた人が、総理大臣になるとこんなに変わっちゃうものなのかと驚いたよ。

松田　どう折り合いをつければいいかを考えただろうね。アメリカだって当然、ナショナリスト・中曽根を警戒していた。その警戒心を解くための一つの答えが、あの「ロン・ヤス」だと思う。

中曽根にとってラッキーだったのは、レーガンが共和党だったこと。民主党だったら、日米の利害関係をあれこれ細かく突いて、ああしろ、こうしろと言われたと思う。その点、共和党は寛容なところがあるから、日米関係の障害に発展するような火種を持ち込まれずにすんだ。「ロン・ヤス」関係ができて、寛容性はいっそう増したんじゃないかな。

早野　それに、中曽根はアメリカにすり寄るようなこともした。たとえば最初に訪米したときの「三海峡封鎖」発言とか。あれは、有事にあっては、宗谷・津軽・対馬の三つの海峡を潜水艦や水上艦艇、機雷などによってコントロールするという構想でしょう？　要するに、ソ連の太平洋への出口を日本が押さえて、アメリカを援護することだから、アメリカは喜ぶよね。

松田　あと、「日本列島不沈空母化」発言もあった。要するに米ソ冷戦下、アメリカの対ソ戦略構想に日本を組み込む方針を明確にしたことになる。同時に、従来の「武器輸出三原則」を放棄して、アメリカに武器技術供与することを決めた。

早野　その年のウィリアムズバーグ・サミットでも、ソ連に対して「ＳＳ20を撤去しろ」と発言した。当時、ソ連はヨーロッパで展開していた中距離核ミサイルＳＳ20を極東に配備するというので、それじゃあ日本が標的になるから、全部撤去させろという話だった。

松田　アメリカはソ連のＳＳ20の脅威に対して、パーシングⅡを配備する方針をサミットの場で認めさせたかったが、ヨーロッパは消極的だった。そこに中曽根が割って入って、レーガンをサポートするように、「西側諸国は団結し、ソ連がＳＳ20を撤去しなければパーシングⅡを展開する姿勢を示すべきだ」と発言したわけだ。

日本の総理がサミットのような国際的な首脳会議で、経済問題以外で問題を提起したり、会議を引っ張ったりしたのは初めてのこと。上々のパフォーマンスにはなった。中曽根はおそらく、アメリカの警戒心を解くための戦略として、こういう行動をとったのだろう。

早野　角栄はあまり興味がなかったね。「ＳＳ20？　極東配備？　ソ連はミサイルをたくさんつくり過ぎて余ってるから、適当なところに配備しているんだろう。それで戦争になることはないよ」というようなことを言っていた記憶がある。

いずれにせよ、中曽根は反米でありながら、自分のなかでうまく折り合いをつけて、対ソ戦略に加担するような形でアメリカに近づき、協調路線を敷いた、ということだね。

リーダーの条件は「哲学書」と「肥溜」だ

早野　内政における中曽根の功績として、「行政改革」があげられる。行政サービス的なものはできるだけ民営化し、政府機構をスリムにしていこうというものだ。一九八二年には電電公社（現・ＮＴＴ）の民営化に着手している。

松田　善幸内閣が財政難を何とかしようと取り組んできたことの延長線だね。さっき言ったように、中曽根は善幸内閣で行管庁長官をやっていて、「増税なき財政再建」を掲げた第二次臨調に取り組んでいたでしょ？

早野　そうだったね。第二次臨調の発足は一九八一年。会長は土光さんで、「土光臨調」とも呼ばれていた。

松田　その最中、一九八二年七月二三日に「ＮＨＫ特集」で「八十五歳の執念　行革の顔　土光敏夫」が放映された。土光さんは元経団連の会長で、番組では、行革に執念を燃やす姿とともに、生活の一部として食事のシーンが紹介された。そこから「メザシの土光さん」というイメージが生まれ、世の中に「土光さん＝質素な暮らしぶり＝信頼の置けるリーダー」みたいな認識が醸成された。

早野　朝日には〈土光敏夫さん行革推進へ『メザシの演出』〉という記事が出たよ。この番組を見て、中曽根は「あー、これで行革はいける。うまくいく」と思ったそうだ。

松田　メザシはメザシでも高価なメザシだっていう噂もあった。

早野　いくら高いといっても、メザシなら知れてるよ。演出だとしても、土光さんの暮らしが質素であったことに変わりないし。

松田　中曽根はよく「リーダーは哲学書を愛する一方で、肥溜を担げる奴じゃなければダメだ」と言っていた。土光さんの清貧につながるかなぁとも思う。日の出山荘で、頭に手拭い巻いて褌一丁で草刈りをしている中曽根、という感じかな。

　前にも言ったけど、行革では電電公社に続いて国鉄（現・JR）の分割民営化をやってのけた。それによって、労働組合の全国組織である総評の中核部隊だった国労（国鉄労働組合）と、全電通（全国電気通信労働組合。電電公社の労働組合）が民間労組に変わった。

　さらに、総評がつぶれて、連合（日本労働組合総連合会）が生まれ、総評を支持母体としていた社会党が弱体化していく。戦後を支えた、自民党と社会党という二大政党が繰り広げる政治の構図――「五五年体制」の一角が崩れていったわけだ。

早野　三木内閣のときに「スト権スト」が起こって、労使協調の方向へと向かう、そのあたりから変わってきた。労組の穏健化が完成していって、中曽根のときに国家に絡む労組がみんな、退治されちゃったわけだ。

松田　中曽根がそこまで狙っていたかどうかはわからないけど、自分では「五五年体制の転換を図ることができた」と言っていたね。

「田中氏の政治的影響を一切排除する」——角栄からの自立

早野　初めのうちは「田中曽根内閣」と言われた中曽根も、猛烈なスタートダッシュを切って、外交に内政になかなかの成果をあげた。

そうして角栄の支配下から脱しようとしていた、その象徴が角栄の主張する「衆参ダブル選挙」を拒否したことだ。

松田　角栄としてはロッキード判決が出る前に選挙をしたかった。選挙の洗礼を受けておけば、有罪判決が出たとしても、議員辞職勧告が出されることはないと踏んでいた。

それを中曽根は拒否して、角栄を説得するために、官房副長官の藤波（孝生）を田中邸に行かせた。すると角栄は「判決前の今なら勝てる」と、藤波に北から南まで全国一二〇の選挙区を一つ一つあげて勝算を説明したそうだ。それでも中曽根は頑として聞かなかった。

早野　著書『天地有情』（文藝春秋）には〈中曽根内閣は田中君の力でできたが、なんでもいう通りにするわけではないということを国民の前に示すという意味があった〉と書いている。

松田　本当に「田中曽根内閣」になってしまうことは避けたい、という思いだね。

早野　それもあるけど、本音は「どこかで田中を切る」ことを考えていただろう。「どうう。田中を葬るか」を視野に入れつつ、状況に応じてじわじわと追いつめていこうとしたと思う。

松田　そうね、「善幸の二の舞にはなりたくない」気持ちがあったと思う。田中派に対する配慮だって、二階堂と、ポスト田中を狙う竹下、金丸とではまったく違っていた。つまり、二階堂よりも竹下、金丸を厚遇していたね。

早野　うん、エンカレッジしていた。竹下を大蔵大臣に起用したしね。

松田　金丸は幹事長などの要職に起用して、角栄の力を削いでいくことを考えていた。

早野　で、ダブル選挙を見送って、土光敏夫を担いだ行革と、その先の国鉄分割民営化に向けて動きだした。

角栄は「中曽根はでっかい馬にタダで乗ってるから、うまくいく。中曽根が大きかったら、こうはいかないよ」なんてイヤミを言って、田中派の大きさを強調していたね。

松田　もっとも角栄は、中曽根を評価していなかった。

佐藤昭子の著書『田中角榮』（経済界）によれば、角栄は、中曽根のことを「遠目の富士」と形容していたらしい。遠くから見れば美しいが、近くに行けば瓦礫の山だと。

僕自身は中曽根が「瓦礫の山」だなんてまったく思わないけれど、一般的に、こういう「富士山型」の政治家はいる。またの名を「ドーナツ型」。

それに引き換え、遠目には映えないけれど、いったん懐に飛び込むと魅了されてしまう「あんパン型」がいる。角栄が典型的だ。

早野　そうかね。

松田　話を戻すと、結局、衆院選は判決後の一九八三年一二月一八日に実施された。角栄本人は一審判決で実刑を言い渡されるも、この選挙に大勝。逆に、自民党全体は二五〇議席と過半数を割る大敗で、中曽根は苦境に立たされた。

早野　角栄にして「だから、俺の言う通り、もっと早くダブル選挙をやっておけばよかったんだ」と言わしめる結果になってしまった。

ふつうなら、選挙結果の責任を取って退陣するべきところだが、中曽根は「総裁声明」を通して、敗北の原因を「田中問題に対するけじめが明確ではなかった」こととし、「田中氏の政治的影響を一切排除する」と発表した。

二階堂によると、この声明の原案では「田中」を名指ししておらず、「党外の人の影響力を排除」となっていたらしい。それを福田が「その表現はなまぬるい。はっきり『田中氏』と書いたらどうか」と注文をつけたというんだね。

「角栄の腹心である二階堂がついていて、どうしてこんなことになったのか」と言われたが、二階堂は角栄に連絡も相談もしなかったそうだ。「党内抗争を排除するため」と言っているものの、二階堂の角栄離れを示唆するものでもあったわけだ。

松田　また、過半数割れを解消するために、自民党は新自由クラブと統一会派を組んだ。

早野　意外な展開だったね。新内閣では、この提携に隠密に動いた田中六助が自民党幹事長になり、二階堂は去る。後藤田は行管庁長官に横すべりで、藤波孝生が官房長官だ。これにより、田中派は幹事長と官房長官という要のポストを失い、「田中排除」の形は整ったという見方もできる。

いずれにせよ、中曽根はかえって安定的に政権を運営できるようになり、翌一九八四年の秋、また〝総裁選の季節〟が巡ってきた。角栄は中曽根再選を支持したが、ここで二階堂が一種の反乱を起こした。総裁選に出馬するという。いわば「二階堂擁立劇」だ。

松田　担いだのは鈴木善幸だね。総理の座を禅譲してやった中曽根が、日米外交に関して「私が総理になったときは、ノーダン満塁でリリーフに立ったようなものです」と言った、これにカチンときたようだ。

早野　自分が侮辱されたと思ったんだね。

松田　中曽根は外交を得意分野と自負していたから、何気なく言ったんだろうけど、善幸にしてみれば「何だ、あいつは」となる。

早野　加えて、鈴木派の田中六助を一本釣りしたうえに、後継者の宮澤喜一に就かせたい幹事長に、その田中を据えたことにも、怒りを募らせていたんだろう。

善幸はもともと二階堂と仲がいいこともあって、彼に総裁選出馬を持ちかけた。田中派をつぶす目論見もあったはずだ。中曽根といえども、田中派の支援がなければ総裁選も危うくなるからね。

これに、角栄の宿敵である福田赳夫や、金権・角栄とタカ派・中曽根に反感を強めていた公明・民社の中道政党が乗った。二階堂を担いで保守・中道連立政権をつくることを夢見たんだろう。

しかし、あっけなくポシャっちゃった。角栄から「いよっ、幻の山崎首班！」なんてからかわれてね。

松田　ああ、戦後、吉田茂が首相になることをＧＨＱが嫌って、まだ若い下っ端の山崎猛を担ぐよう画策した、あの事件になぞらえて。

早野　それで、二階堂が怒った。「その言い草は何だ。公明、民社は中曽根ではやっていけない。国会だって、田中、田中で動かないんだ」と歯向かった。さすがに角栄は悪いと思ったのか、「君とは夫婦みたいなものじゃないか」と言ったんだよ。

しかし、田中派は角栄が「中曽根支持」と言えば、それで決まったのも同然。角栄にしてみれば、「俺に何の相談もなく勝手をするな」ということだったんだろう。

まぁ、二階堂は「中二階」で、世代交代を待望する竹下らに対してはまたちょっと違う。竹下が勉強会をつくりたいと申し出たときには、角栄は「中曽根は絢爛豪華に舞台で踊る芸者だよ。だけど、誰がろくろを回しているかだ」というようなことも言っている。

いずれにせよ、二階堂は二階堂で、竹下は竹下で中曽根・田中体制への苛立ちを募らせていたんだね。

角栄は申し訳程度に、「わが派から総理大臣を出さなくていいなんて考えているわけじゃない」と前置きしつつも、「ただ、強いて出すこともないと考えている」と言っている。で、「われわれは黙って、踏まれても蹴られてもついていきます下駄の雪みたいなもんだな」などとうそぶいている。

田中派から総理大臣を「出さない」のではなく「出せない」というのが実情だが、それを派閥をより大きくして裏で政権に影響を与えることでカバーしようとしていた。若手はイヤになって、反旗を翻したのも無理のない話だ。

折しも運命と言うべきか、角栄が倒れた。それによって田中に支えられていた中曽根体制が弱くなるかと思いきや、そうじゃあない。逆になった。角栄が倒れたことによって、中曽根は完全に政治的に自立した。

松田　着々と実績をあげて、一九八六年の衆参同日選挙は自民党の圧勝だったね。このとき、中曽根に「八六年体制って、どういうことですか」と聞いたら、「支持を左ウイングにまで伸ばして、中道政治まで組み込む自民党政権を目指すんだ」と豪語していた。

早野　「五五年体制」ならぬ「八六年体制」か。選挙で大勝して、かなり強気になっていたんだろう。

"恨み節"としての「戦後政治の総決算」

松田　その選挙で大勝した直後、文部大臣として入閣させた藤尾正行を罷免する事件があった。藤尾が歴史教科書問題に関連して「韓国併合は合意のうえに形成されたもので、日本だけでなく韓国側にも責任がある」などと発言したことが問題になって。

中曽根は辞任を求めたものの、藤尾はそれを拒否。「私の発言を問題にするのなら、罷免すればよい」と強気に出た。それを受けて中曽根は罷免権を発動して、本当に藤尾を罷免した。これなんかは、中曽根が名実ともに自立したことの一つの現象だと思う。

早野　というより、盤石の中曽根体制ができたなかで、自然に発露した力なんじゃない？　強い権力をもって、福田赳夫につながる旧世代を切った、というふうに思えるな。

ところで、角栄が倒れた一九八五年、その八月一五日に中曽根は靖国神社を公式参拝している。あれも、盤石な政権をつくったことによる権力の行使と関連しているのか、それとも単に戦前への郷愁なのか。

松田　藤波によると、当時、靖国に祀られている戦死者の遺族が総理の公式参拝を要求して、靖国神社に座り込んだそうだ。それで、藤波は伊勢の人でもあるし、中国の幹部に「何とか首相の公式参拝を認めてくれないか。遺族にとって、それが最後の願い。戦死した息子や夫への供養にしたいんだ」と頼んだんだね。

早野　ああ、藤波はもともと伊勢神道だったな。神官だっけ？

松田　いや、俳句の師匠。伊勢俳壇神風館二〇世宗匠も務めた。「孝堂」という俳号で、多くの俳句を残している。

で、藤波の頼みを聞いた中国は、「中国人だって同じだ。日本軍に殺された人の遺族は、首相の公式参拝を望んでいない」と反発した。

早野　そりゃあ、そうだね。

松田　中曽根はそれを聞いて愕然としたって。でも、気持ちの裏には、自分の弟も靖国に祀られているということもあって、結局、公式参拝をした。

それが禍根を残す形になった。つまり、せっかく築き上げてきた日中関係にヒビが入った。胡耀邦総書記が追い落とされる原因を、中曽根がつくってしまったわけだから。「右翼の中曽根と仲がいいとは、どういうことだ」と、中国国内の権力闘争に利用された。

早野　中曽根の後、二〇〇六年の小泉純一郎を最後に八月一五日の総理の公式参拝はなくなった。その意味では、戦後の靖国をめぐる問題は一応の落ち着きを見せたと言えるのかな。今なお八月一五日がくると首相を含めた政府高官が公式参拝する・しないの問題が持ち上がりはするが。

この間も稲田朋美防衛大臣が靖国参拝を見送ったことが、ちょっとした騒ぎになった。今まで繰り返し参拝してきたのに、「八月一三日から一六日の日程で、海賊対処活動のために自衛隊を派遣しているアフリカ北東部のジブチを訪問する」という理由で。いかにも急ごしらえの海外出張という感じで、「稲田は靖国参拝から逃げた」という非難の声が上がった。責任ある立場の人間として、中国に配慮しないわけにはいかないからね。

さて、中曽根の公式参拝のときは、「合祀」という問題が表面化したね。

松田　すでに一九七九年に『朝日新聞』が、靖国神社に東條英機らA級戦犯が合祀されていることを報道している。その事実が一般的に知られるようになったわけだ。でも、昭和天皇はそれより前に合祀に不快感を示されたとも言われていて、七五年一一月二一日を最後に参拝されていない。中曽根もA級戦犯の分祀が解決策として各方面に打診したが、靖国神社サイドの反対で見送らざるを得なかった。

中曽根の公式参拝は、こういった事実を掘り起こし、日本人が戦争責任を考えるきっかけを与えた、反面教師のような形で教訓を残した、とも言えるだろう。

早野　これに関連して、中曽根は「戦後政治の総決算」を政策目標に掲げたでしょう？これはすごいなと思う一方で、中曽根が旧来持っているナショナリズム的なものが吉田茂以降の保守本流において発揮できずにいた、そういう戦後政治体制への不満や反発がベースになっているような印象もある。

松田　それはずっとあった。アメリカの占領下にあった時代からの脱却を常に考えていたし、憲法改正に踏み込まないまでも、自衛隊を個別的自衛権だけではなく集団的自衛権を行使できる存在にしたい、というような思いはあっただろう。

これは言い換えれば、吉田内閣以降の経済第一主義を是正するということ。戦後の経済復興だけに目を奪われ、防衛や憲法問題について長期的基本的国家観がないがしろにされてきた戦後政策に〝ダメ出し〟をしたかっこうだ。

早野　そこだよね。僕、あるいは角栄サイドから言えば、戦後政治の眼目はまず平和を取り戻したことにある。一言で言えば、平和主義ね。あと、豊かになろうということ。空襲で焼け野原になって、そこから生活を築いていく、そのための経済主義だ。

簡単に言えば、戦後政治の眼目は憲法九条を守ることと、経済成長を促進することにあった。それに対して中曽根は、角サンのおかげで総理大臣になったくせに、角栄がモットーとしてきた平和主義と経済主義を否定してかかったともいえるわけだ。

やっぱり中曽根の「戦後政治の総決算」には、戦後政治体制への〝怨み節〟を感じる。その鬱憤晴らしをしてやろう、という気持ちが透けて見えるんだよね。

松田　ちなみに、『自省録』にこんなくだりがある。〈昔の皇国史観には賛成しない。東京裁判史観は正当ではない。大東亜戦争は複合的で、対米英、対中国、対アジアのそれぞれの局面で性格が異なるため認識を区別しなければならない。しかし、動員された大多数の国民は祖国防衛のために戦ったし、一部は反植民地主義・アジア解放のために戦ったと認識している。英米仏蘭に対しては普通の戦争だったが、アジアに対しては侵略的性格のある戦争であった〉

早野　それが中曽根流の総括ね。靖国公式参拝につながる見解と言えそうだ。

「消えた同日選」と「死んだふり」解散

松田　総理在任四年目に突入した中曽根は、一九八六年、衆参同日選挙に打って出ようとした。内閣支持率が高かったから、好機と捉えたんだろう。

ところが、この選挙が「やるの、やらないの」というより、「やれるの、やれないの」でゴタゴタしてね。

恥ずかしい話、僕なんか「消えた同日選」というタイトルの連載を始めちゃった。というのも、前の年に最高裁判所が衆議院の議員定数の不均衡に対して、違憲判決を出していたんだ。これを是正するために公職選挙法改正案が出され、八六年五月二二日に衆院本会議で可決・成立した。

これで問題なく選挙ができると思いきや、実は法案を通すための交換条件みたいな形で、「新定数で選挙を公示するまで、三〇日間の周知期間を設ける」ことが取り決められていた。問題はこの三〇日間。五月二三日に法律が公布されると、六月二一日が三〇日目に当たる。投票日の七月六日から逆算して、この日に公示されれば選挙を実施できる。ただ、「三〇日の周知期間」に三〇日目が含まれるのかどうかに疑問があった。含まれないとしたら、同日選は行えない。

それで、宮澤喜一が「この同日選はラクダが針の穴を通るよりも難しくなった」なんて言ったこともあって、『毎日』は〈首相、「同日選」を断念〉と一面トップで報じた。『朝日』は〈同日選、無理な情勢〉だったかな。

だから、件の連載も「消えた同日選」にしたわけで、まんまとだまされた。三〇日目は含まれるんだよ。しょうがないから、連載のタイトルを「『同日選』突入」に代えざるを得なくなったんだよね。

早野　それは記念すべき記事だね。思い出したよ、僕は当時官邸キャップをやっていて、飯食ってたら、なかなかよくできる女性記者が「早野さん、早野さん、大変よ。選挙、あ

衆参同日選に圧勝し、ダルマに目を入れる（1986年7月7日）

るんですって」と駆け込んできたっけ。

中曽根は後で、「同日選をやることは正月から考えていた。定数是正の周知期間があるから、みんなに解散は無理だと思わせた。死んだふりをしたんだ」と言っていた。「死んだふり解散」と呼ばれる所以だ。

松田　実は公明党の矢野絢也書記長など、同日選が消えていないことに感づいている人はいた。でも、矢野なんかは世代交代を狙ってわざと上に言わず、逆に旧世代の竹入を煽って「消えた」と信じ込ませたんだよね。

結果、選挙に大負けしたのは、選挙がないと踏んだトップの竹入のせいだとなった。それで責任を取って、退陣に追い込まれた。同じころ、民社党も党首が佐々木良作から塚本三郎に世代交代しているでしょ。

これは見方を変えれば、中曽根の再選時にあった、あの「二階堂擁立劇」の首謀者たちがことごとく失脚した、ということでもある。あるいは中曽根が世代交代を待望する若手を焚きつけて、しっぺ返しをしたのかもしれない。

だから、この同日選には「与野党がぐるになっての抗争」という側面も見えた。今日の自公連立のような与野党間の連立は、新自由クラブとの連携がその走りだったと思う。

早野　朝日と毎日の政治部長も責任を取って、交代するべきだったのかもしれないね。まぁ、冗談だけど。

この一事にも、中曽根が政治権力を縦横無尽に使いこなしたことがわかる。新聞をだますくらいお手の物、という領域に入った感じだね。
その同日選に自民党は大勝。中曽根は政権基盤をますます盤石なものとし、一九八七年二月に売上税（今の消費税）の提案に踏み切った。いよいよ、財政再建路線の締めくくりだ。しかし、失敗してしまう。

松田　選挙のときに「国民や自民党員が反対する大型間接税はやらない。この顔がウソをついているように見えますか？」と言っておいて、売上税を導入することにしたんだから、明らかな公約違反だ。

早野　それは国民が許さないよね。

松田　実際、その後の補欠選挙や首長選で、自民党は立て続けに負けた。岩手で勝った社会党の候補は勝因を聞かれて、「中曽根さんのおかげです」と言った。そのくらい、国民の信を失ってしまったということだね。

早野　とはいえ、党内的にはまだ中曽根は余力を残していて、本来なら自民党総裁任期は衆参同日選挙で切れるはずだったのに、一年間のボーナスをもらった。本当は無期延期にしたかったようだが、小沢一郎や梶山静六らが反対して、党則の特例として一年延長にしたわけだ。

今、安倍晋三も総裁二期目に入って、まだ一年目だというのに、もう任期延長の方向に動いている。石破茂などと同じで、ポスト安倍を狙う人たちは「もう待てない」という心境だろうが。

このあたり、任期延長を意図した中曽根と、早く退陣してほしい「安竹宮」――安倍晋太郎、竹下登、宮澤喜一らニューリーダーとの構図に通じるものがあるね。

松田　結果的に中曽根は、一年の延長を経て、竹下登に禅譲する形になった。

早野　堂々たる退陣を演じた。角栄とは大違いだ。

第六章 戦後保守の可能性

98歳の大勲位、中曽根を取材する松田喬和（2016年10月27日）

「中曽根さん、あなたは恐ろしい人です」──アンチテーゼとしての土井たか子

早野　中曽根へのアンチテーゼとして、忘れてはならないのが社会党・土井たか子の存在だ。その前の委員長が石橋政嗣《まさし》。一九八六年のダブル選のときに社会党を取材したら、雰囲気が暗くてね。中曽根に対する愚痴を語る、といったふうの演説だった。

当然と言うべきか、社会党は選挙で大敗を喫して石橋が退陣。土井委員長が誕生した。彼女は選挙後の国会で代表質問に立ち、いきなりこう切り出した。「中曽根さん、あなたは恐ろしい人です」と。

そして、「売上税を推進しながら、防衛費の一％枠を撤廃するというのは、国民から税金を召し上げて、軍事費に使うことではないか」と追及した。鮮烈なデビューだったね。

松田　実に颯爽《さっそう》としていた。土井のデビュー当時、演説会場などに行くと、まるで宝塚の男役のようで、女性たちがキャーキャーと嬌声をあげるくらい。手料理の差し入れまであって、今までの社会党トップには考えられないような人気ぶりだったよ。

早野　土井は神戸に生まれ育ったお嬢さん。家は開業医だ。

松田　戦争中、軍国主義が強まった頃でも、お父さんは外車のフォードに乗っていたらしい。家には、八ミリだと思うけど映写機があって、子ども時代はよくディズニーの映画を見たそうだ。

早野　一九二八年生まれだから、神戸で空襲に遭っているでしょ。そんな時代ながら、家が裕福なこともあって、京都女子専門学校（現・京都女子大）に学んだ。さらに、憲法学者の田畑忍の話を聞いて、同志社に転学、卒業している。そんな経緯があって、憲法は土井にとって大切な宝になったのだと思う。

松田　余談だけど、昭和天皇が倒れたとき、土井は皇居にお見舞いの記帳に行くべきか否か、とても迷ったという。それで恩師の田畑先生に相談したら、「そりゃあ君、憲法を守るという姿勢を貫くなら、行くべきだろう。行くのが当然だよ」と言われたって。

早野　憲法第一条は〈天皇は、日本国の象徴であり日本国民統合の象徴であって、この地位は主権の存する日本国民の総意に基く〉——。

松田　ともあれ、土井はお嬢さんタイプとはいえ、性格はカラリとして男っぽいところがあった。まったくもって、当時の社会党にはいないタイプの女性議員だったね。

早野　それまでは組合の親父ばかりで、「エイ、エイ、オー！」って叫んでたもんね。そう考えると、土井社会党に票が集まったのは、ごく自然体のお嬢さんに対する安心感があったからだろう。

　あと、自民党が三〇〇議席も取ってしまって、国民もちょっと心配になったところがあったのかもしれない。

松田　今の小池百合子人気とちょっと似ている。彼女も芦屋のお嬢様だし、土井も小池も女性たちや既得権益を持たない層にとって、〝ガラスの天井〟を突き破る存在として、期待されているところが共通する。
もう一つ、土井が出てきた背景には、社会党の内部事情もある。中曽根が行革で国鉄と電電公社を民営化することによって、社会党の支持基盤である労組の力が落ちてくるなかで、無党派層からも票を取れるリーダーが必要だった。そこに土井が非常にフィットした。
奇しくも中曽根が「自民党はこれから、ウィングを左に伸ばすんだ」と言った、それと同じことが社会党にも当てはまる。つまり、社会党は土井さんを担いだことによって、イデオロギー的には左だけれど、中間層にも食い込んでいけるようになった。自民党と社会党で中間層の奪い合いをする形で、対立軸をつくった感じかな。

早野　そのデビューから三年後の一九八九年の参院選と、続く九〇年の衆院選で、マドンナ旋風が吹き荒れた。リクルート事件や宇野宗佑《そうすけ》首相の女性スキャンダルなどでボロボロになった自民党を叩きのめし、大幅に票を増やした。あの有名な名台詞「山が動いた」が飛び出たのはこのころだ。

松田　女性の進出が一番遅れていた政治の世界に、土井のような党首が出現し、最後は衆議院議長まで務めたというのは歴史的快挙とも言えるね。

早野　憲政史上初の女性党首になった年は、男女雇用機会均等法が施行された年でもあり、男女平等社会のシンボル的な存在でもあった。
よく覚えているのは、当時は女子だけが必修だった家庭科を「男女平等じゃなくちゃおかしい」と言ったこと。男たちが台所に立つようになったのは、土井の「おかげ」と言うべきか、土井の「せい」と言うべきか。そういう意味では、従来の男尊女卑的な文化から、男女の境を払拭した文化に大きく変えた人でもある。

今、安倍晋三は「アベノミクス」で掲げる重要テーマの一つに「女性が活躍する社会の実現」をあげているでしょう？　土井が生きていたら、どう受け止め、どんな行動に出るかなぁ。「いいぞ、いいぞ」と応援するだろうか。それとも、「お題目は立派だが、中身がない」と噛みつくだろうか。

松田　そうねぇ。この間「女性活躍推進法」が一〇年の時限立法として施行されたけど、「安倍政権が旗振りをするまでもなく、女性の社会進出は進んでいる」という意見もある。また、「企業の女性採用比率や女性社員比率、女性管理職比率などを上げるとか、男女の平均勤続年数の差を縮めるとか、数値目標を立てて公表させることよりも、女性が働きやすい環境をつくることに力を入れるべきだ」といった指摘もある。土井なら、やっぱり批判する側に回るんじゃないだろうか。

早野　そうだね。「灯台下暗し」で、女性国会議員の比率からして、世界では低いレベルだし、「旗振りはけっこうだけど、もっと現実を直視して、内実のある政策を打ってくださ い」って感じかな。

中曽根vs.土井の「時事放談」

早野　「中曽根康弘vs.土井たか子」の渡り合いは見応えがあったね。中曽根も二枚腰だから、なかなか土井に負けてはいなかった。
　この二人はだいぶ経ってから、テレビの「時事放談」に一緒に出演して、お互いに「一目置いていた」と言い合っていたね。

松田　あの番組に二人を引っ張りだしたのは、実は僕なんだよ。

早野　そうか、松田さんが〝工作〟したのか。

松田　ちょうど番組が、かつての細川隆元《りゅうげん》・小汀利得《おばまとしえ》の対談をリフレッシュして、二人のゲストが討論する形で、その再スタートを切った初回のゲストに二人を招いた。硬いテーマを軟らかい雰囲気でやろうと。テーマは憲法だったたね。

早野　司会は、今は政治学者の御厨貴《みくりやたかし》で？

松田　はじめの頃は岩見隆夫さん。中曽根は憲法改正論者ながら、古いタイプの人間ではなくて、女性に対しても内助の功を求めたりしない。蔦子夫人は家庭を守り、あまり外に出るタイプではなかったけれど、かといって女性の社会進出に抵抗を見せるわけではなかった。

早野　そのへんは角サンのほうが古いかかな。女性の社会進出という部分では、まだ田舎の文化を引きずっていたかもしれない。

松田 角サンのはな夫人も、家を守るタイプではあったよね。でも、角サンは選挙となれば山口淑子とか山東昭子などを引っ張ってきたから、あながち女性の活躍に理解がなかったとも言えない。

それはともかく、この「中曽根 vs. 土井」の討論では、イラクの問題で自衛隊が武装して出かけることをめぐって、中曽根はアメリカの行動を擁護し、土井は非難する。また、「憲法は九条を含めて改正したほうがいい」とする中曽根に対して、土井は「改正ではなく改悪だから反対するんだ」と言う。

基本的に対立して意見を戦わせたが、互いにエールを送っているところが興味深かった。それに中曽根は土井のことを「非常に生一本な、理念を重んずる、そして真一文字に進んでいく、立派な社会党の党首だと敬意を表していた」と最大級の賛辞をしている。

一方、土井は土井で、靖国公式参拝について中曽根に質問したときのことを例にとり、それまでの中曽根への認識を変えたと言っている。

中曽根は答弁のなかで「民主主義にとって大事なことは『反省する』力量があることだ、その余裕がなければ、民主主義は発展しない。日本も、その民主主義政治のなかに発展するという可能性を持っていると思われることは、外交のあり方として非常に大事な要諦である」と言ったというんだ。

「反省」と聞いて土井は、中曽根には哲学があると思った、と。

両名とも憲法に一家言ある人で、考え方は違うけれども、互いの存在は認めあっているんだなと思ったね。

早野　二人ともシャンソンが好きだし、気の合うところはあったんだろう。ちなみに、土井の十八番は「マイウェイ」と「ろくでなし」だ。らしいよね。

松田　話は飛ぶけど、もし安倍だったらどうだろう。「時事放談」のような場で、対立軸にある人と議論するだろうか、甚だ疑問だな。安倍は自分の考えと違う人を認めようとしない傾向があるから。

安倍は基本的に、自分がしんどい時にサポートしてくれた人を重用し、交友関係をつくっていく。

早野　確かに、対話力には欠けると言わざるを得ないよね。

中曽根政権の「ゴミ掃除」をした竹下登

早野　中曽根は五年でお役御免。今の安倍は「下手すりゃ九年」なんて状況だが、さすがにそこまではいかなかった。

そうして、竹下登を後継に指名した。

松田　ポスト中曽根を争っていた「安竹宮」の三人では話し合いがつかなくて、結局は中曽根に一任された形だ。

でも、いろんな怪情報が飛んで、いさみ足で「次は安倍晋太郎」と打ったメディアもあった。実際、そういう雰囲気はあったよね。

しかも、中曽根の裁定文を読むと、外交の話から入って、「やっぱり安倍？」と思わせるような内容だった。でも、最後のページに〈よって竹下登君を指名する〉と明記されていてね。安倍は最初から読んだから、自分が指名されると思ったかもしれない。竹下は指名されることを知っていたらしく、最後のページだけを読んでいた。二人のこの違いが、「先走りの竹下」と「愚直の安倍」を象徴するようで面白かったね。

早野　中曽根は大型間接税の導入で失敗しているでしょ？　土井さんが「売上税、反対！」と激しく抵抗して、一敗地にまみれた感じだった。竹下は中曽根から、その消費税の導入を託されたことになる。

で、竹下は何とか四苦八苦して消費税法を成立させたが、あれは竹下だからなし得たことだと思わない？

松田　思う。あらゆるルートを使って、手練手管で国会対策をしていくというワザは竹下にしか駆使できないよね。

早野　竹下は結局のところ、中曽根政権が残した「ゴミ」を掃除させられて終わった感はあるものの、消費税という、その後の日本の財政を支える重要な収入を確保したという意味では、大きな業績を残したと言えるだろう。

消費税法は一九八九年四月に施行され、このときは三％だったのが今は八％。近い将来、一〇%にまで引き上げられようとしている。安倍が目下、引き延ばしをやってるが。

松田　政治にも国民にも、増税のトラウマみたいなのが植え付けられている。竹下からこっち、村山富市にしろ、野田佳彦にしろ、退陣と引き換えに消費税率を五%、八%とアップさせてきたところがある。安倍が消費税一〇%引き上げに逃げ腰なのも、遠因はそこらへんにあるんじゃないだろうか。

早野　なるほど。でも、今は長い政治の営みのなかで、国民も「一〇%やむなし」という方向に傾いてきてはいるね。

松田　加速度的に進む高齢社会を考えると、増税は確かにやむを得ない措置と言わざるを得ない。

早野　ともあれ、竹下が消費税を導入した政治的手腕は、なかなかのものだった。さすが角栄の派閥を受け継ぐだけの実力があったなと思う。

松田　ただ、竹下にとって不幸だったのは、一九八八年にリクルート事件が発覚したことだ。まぁ、不幸といっても、自分も賄賂をもらっていたわけで、何とも言えないが。

竹下の場合は、「金庫番」と言われた秘書の青木伊平の名義になっていて、彼は竹下が退陣表明した翌日に自殺してしまった。竹下にとってはダメージが大きかったと思う。

早野　リクルート事件は、ロッキードのようなオールドタイプの贈収賄と違って、手の込んだ、新手の贈収賄だったね。リクルートの創業者、江副浩正《えぞえひろまさ》という食わせ者が、子会社のリクルート・コスモスの未公開株を政界にばらまいた。

店頭公開前の株で、店頭公開すれば値上がりすることは、約束されたようなもの。まさに「濡れ手で粟」の利益が得られるとあって、政府高官をはじめ、何と九〇人を超える政治家が受け取っていた。

なかでも中曽根はダントツで、秘書名義で二万六〇〇〇株・一億三六〇〇万円相当の未公開株を受け取っていた。国会の証人喚問にも出てるでしょ？

松田　出てる。中曽根は、社会党の稲葉誠一に追及されても、江副はブレーンでもなく、親しくもなかったことを強調し、喚問を切り抜けた。

早野　親しくもない人からもらっちゃった、というのもねぇ。

ブレーンと言えば、中曽根はけっこう多彩なブレーンを使っていたね。

松田　核になっているのは、梅原猛ら京都学派と、もとを正せば実は大平ブレーンだった政治学者の香山健一や社会学者の公文俊平《くもんしゅんぺい》など、大平が「田園都市国家構想」など七つの政策提言をし、まとめたときのメンバーをそっくり、ブレーンとして起用していた。

あとは、前にも言った昔の青年懇話会の仲間たちだね。

早野　ともかくも中曽根は、ロッキード事件に続いてリクルート事件の政界ルートも切り抜けた。自分では「証人喚問でけじめ、禊《みそぎ》と考える」と述べているね。

あのときは自民党が動画での撮影を禁止したから、静止画像だったのが残念だった。でも、中曽根さん的にはむしろ動画のほうが良かったんじゃない？　そのくらいの度胸はある人だと思うよ。

松田　リクルート事件の政界ルートで起訴されたのは、自民党の官房長官だった藤波孝生と、公明党の池田克也で、二人は受託収賄罪で有罪判決を受けている。

ほかは自民党の幹事長だった安倍晋太郎の私設秘書、大蔵大臣だった宮澤喜一の公設秘書、農水大臣だった加藤六月《むつき》の公設秘書ならびに政治団体会計責任者の四人が政治資金規正法違反で略式起訴されただけ。中曽根や竹下をはじめとする大物政治家は立件されなかった。

ロッキードと同じく、この戦後最大の収賄事件も真相は闇のなか、ということになってしまった。

早野　それで宮澤は大蔵大臣を辞任させられた。どうして宮澤みたいな、むしろ尊敬される政治家が引っかかっちゃったのかなぁ。未公開株をもらった段階では、海のものとも山のものともわからない、儲かるかどうかもわからない、という認識だったのか。

松田　そうだね。キャッシュでもないから、比較的抵抗感が少なかったんじゃないかと思う。藤波ほどの人格者までもが、もらっちゃったんだから。

早野　そして、竹下内閣は総辞職。何か竹下は、消費税の導入を苦労して仕上げて、「さぁ、これから」というときにリクルート事件があって、刀折れ矢尽きた感じだね。

小沢一郎の暗躍と角栄の死

早野　竹下の後は宇野宗佑で、この政権は六九日と短命だった。たちまち女性問題が出てきて……。

松田　あれ、『サンデー毎日』のスクープだったんだよ。

早野　そうだった。宇野政権ができるに当たっては、後ろで中曽根がずいぶん応援したんじゃないの？

松田　というか、竹下内閣で外務大臣を務めた宇野を、総理に据えられるように取っておいた。宇野はリクルート事件との関連も薄く、宮澤みたいに大臣を辞任しなくて済んだということもある。

　それで、中曽根と竹下の合作みたいな感じで宇野政権をつくった。

早野　宇野には、リーダーとしての雰囲気があまりなかったね。

松田　中曽根にとっては「かわいい奴」だったんじゃない？　一番使いやすかったと思う。でも、女性問題と消費税と農産物の自由化問題で不評を買って、参院選では応援演説のおよびもかからなかった。

早野　そうそう、自民党本部の前で街宣カーに乗って演説して、一応形だけつけてすぐに引っ込んじゃった。

　それにしても、中曽根派は渡辺美智雄が引き継ぐものと誰しも思っていたから、緊急登板とはいえ、宇野とはね……。ポスト三木の総裁選のときに中曽根が福田を、渡辺が大平を推した。そのあたりから、二人の間に亀裂が入っていたね。

松田　そう、それで渡辺は中曽根派から分派して、温知会をつくった。

早野　そういう絡みもあって、大平派の善幸の内閣では渡辺が大蔵大臣で、中曽根が行管庁長官という人事になったわけだ。

松田　あのとき、中曽根は大蔵大臣を希望していたんだよね。それなのに、自分の部下だった渡辺が大蔵大臣になったから、内心面白くなかったと思う。

ある学者が言うには、「中曽根はスタンドプレイが目立ち、役人から嫌われているので、行管庁長官となれば、一段と役人から嫌われる」と。当初の行革はスケールが小さくて、「役人切り」が主任務とされていたので、中曽根のような〝嫌われ役〟が適任だったということだろう。

早野　さすが「人事の善幸」と言われるだけのことはある。

話を戻して、宇野の後が三木派の海部俊樹《かいふとしき》だ。ロッキード事件の後にクリーン三木が登場したように、リクルート事件の後がやっぱりクリーンな海部。自民党もなかなか〝いい玉〟を持っていた。

ただ、支持率は高かったものの、党内で小沢を中心とする竹下派によるいわゆる「海部おろし」があって、総辞職に追い込まれた。後を継いだのが宮澤内閣で……。

松田　非常に印象が薄い。

早野　もう、実質「小沢一郎の時代」に入っていたからね。小沢が表になったり、裏になったりしながら、角栄が倒れた後の政局を仕切っていた時代、という印象がある。その象徴が、八党会派連立の細川政権だ。

一九九三年の衆議院選挙で自民党は、党の分裂により単独過半数に達しなかった。一方で、武村正義のグループが自民党を離党して結成した新党さきがけや、小沢とともに竹下派とたもとを分かち、さらに自民党を離党した羽田孜らが結成した新生党、細川護熙が前年に結成した日本新党の三党は、一〇〇議席余りを獲得して気を吐いた。

松田 いわゆる新党ブーム。そこで、小沢は連合の会長だった山岸と組んで、その三党に加えて社会党、民社党、公明党、民主改革連合、社会民主連合の八党会派を束ねて、自民党を野党に追い込んだ。こんな多数派工作は、小沢にしかできない芸当だ。

ただ、小沢がつくった細川政権と、後の民主党政権という二つの非自民政権は、どちらも最後には小沢が壊してしまったと言っていい。

早野 小沢は角栄を継承しながらも、「政治改革」という新しいテーゼがあって、そのなかでどんどん野党のほうに行ってしまった感じがする。

松田 確かに、建設族と郵政族を二本足にしたという部分では、角栄を見習っていたと思う。それに、角栄も小選挙区制の導入を目論んだこともあった。もっとも角栄の場合は、自民党に有利な区割りをつくろうとして、「カクマンダー」と揶揄された。

もっと時代を遡って、一九五六年にも鳩山内閣が小選挙区制を導入しようとして「ハトマンダー」と批判された。

この呼び名は今の人には馴染みが薄いかな。一八一〇年代にアメリカ・マサチューセッツ州のエルブリッジ・ゲリーという州知事が、自党に有利な選挙区をつくり、それがサラマンダー（伝説上のトカゲ）のような形をしていたことから「ゲリマンダー」と呼ばれた。その故事に由来する造語だ、

小沢が信条とする「政治改革」は、同じ小選挙区制の導入といっても、政権交代が起きやすくすることが一番の目的だった。その意味では、小沢の信条は後に民主党政権ができて「政権交代」という形で実現した。細川政権のほうはフロックみたいなものだが。

早野　小沢は宮澤政権のときに「政治改革法案」を主導したが、成立に至らなかった。そのために、野党から提出された宮澤内閣不信任案に賛成した経緯がある。その不信任案が可決されて、解散総選挙に入った直後に、小沢は自民党を離党して新生党を立ち上げ、細川政権をつくった。そこで小選挙区導入という悲願が実現したわけだ。

松田　自民党総裁の河野洋平と細川総理と、二人で比例と小選挙区の区割りを話し合った。

早野　あれは成功だったのか、失敗だったのか……。

松田　当事者の二人、河野と細川は今にして「間違いだった」と公言している。二〇〇九年に民主党政権ができたところまでは、現実に政権交代が起きたのだから、当初は良かったと言える。

でも、以後は「カクマンダー」じゃないけど、安倍自民の一党独裁に加担する方向に作用したから、「中選挙区制に戻したほうがいい」という声も出ているね。

そもそもの始まりは、政権交代云々よりも、ロッキード事件とリクルート事件で政治の

腐敗が進んだことを背景に、「派閥があるのがいけない。その派閥を解消するために、政党単位の選挙制度にしなければいけない」ということだった。

早野　それまでの中選挙区制だと、政権政党の自民党が一つの選挙区に三人も四人も候補者を出して、当選を争うのがふつう。候補者が一つの自民党の代表ではなく、各派閥の代表になっちゃった。だから、政党の正規の金ではない、派閥の金が選挙にぶち込まれた。

松田　中選挙区当時、派閥はメンバーの選挙資金の多くを面倒見たらしい。

早野　そういう選挙風土のなかで、一番金を集めて、一番配ったのが田中角栄ということだ。秘書の早坂から聞いた話だが、角栄は生き残りを賭けたあの「ロッキード選挙」のとき、新潟三区に入る前に〝田中軍団〟と田中シンパの議員一〇九人に金を配っていたという。「一〇〇〇万円の束を二つ、三つと持たせるんだ。それは、いったん出て行ったら、戻ってこないカネなんだよ。田中はこういうカネを配るときになると、一種、狂気になる」と話していた。「カネのかからない政治などときれいごとを言うのはばかげて見えるよ。小選挙区、完全な政党法ができなければ、カネのかかる政治はなくならないよ」とも。なかには他派の候補者もいたし、「せいぜいあと一回当選できるくらい」の、投資効果の低い高齢の候補者もいたそうだ。「昔からの友だちなんだ」という理由で、選挙資金の面倒をみてやったんだね。人情味のある角サンらしいと言えば、角サンらしい。

でも、決して褒められたことではない。そういう意味では、「政治改革」は角栄や中曽根の時代が残した宿痾《しゅくあ》を治療するようなものかもしれない。

その治療の一つというか、小選挙区制にするのと同時に、企業献金を制限し、政党助成金という形で選挙資金を提供する形になった。これも大きな変化だったね。

松田　変化といえば、一九九三年の八月九日に細川政権が発足し、一二月一六日に角サンが亡くなるよね。歴史の偶然というより符牒のような気もして……。

早野　やっぱり角サンは時代を背負い、時代を体現してきた政治家といえるかもしれない。

田中派の系譜「経世会」の復活

松田　八党会派で連立したら、そりゃあ揉めるよね。案の定、細川政権は一年と持たず、羽田内閣が成立した。でも、社会党は折り合いが悪くて離脱。さきがけも閣外協力と距離を置いて、政権はたちまち少数与党になっちゃった。

そこを狙いすましたように、〝野党暮らし〟に耐えられなくなった自民党が社会党・新党さきがけと組んで、一九九四年に「自社さ連立政権」を発足させた。連立の内包するもろさが露呈して、政局は迷走を続けていたね。

早野　自社さ政権は要するに、自民党が小沢支配から社会党をもぎ取ってきたわけでしょ。「小沢 vs. 自民党」の構図だったと思う。

社会党も小沢にくっついて、改革のほうにぐんぐんページをめくることにたじろいだのだろう。歴史を振り返れば、社会党は自民と対立しながら共存していた旧体制だからね。

それにしても、自民党とくっつくなんて、ビックリしたよ。しかも、総理に就任したのは、社会党の委員長、村山富市だ。

松田　不倶戴天の敵だもんね。中曽根はこれに抵抗して、小沢の担いだ海部を支持したが、それも社会党としては受け入れがたかったのだろう。中曽根の〝謀反〟も裏目に出て、社会党が自民党になびくほうに加担したような形になった。

社会党にも右の人と左の人がいて、村山はどちらかと言うと左で、書記長の久保亘《くぼわたる》は右寄り。社会党内ではしばしば、この二人が火花を散らしていた。自民党と組むことを決めたときは、久保は「何も聞かされないうちに、ああなっていた」としきりに言っていた。

東西冷戦構造が崩れて、右も左もぐちゃぐちゃになり始めていたこともあって、利害得失で右と左が平気でくっつくような政治環境になったということだろう。なにしろ、旗振り役の一人が亀井静香だからさ。

早野　亀井は明らかに右のようだけど、半分左も混じっていて、何だか得体が知れない。

松田　今の安倍政権は自公のダブル一強で安定しているように見えるけど、実はもろいところがある。「理念なき連立」みたいなことにいつ陥っても不思議はないと思う。

早野　村山はしかし、一年半くらいで政権を放り出しちゃった。辞め方としては、善幸に似ている。イヤになっちゃったんだな。

松田　そう、一九九五年に阪神・淡路大震災とか地下鉄サリン事件などがあって、「治安が揺らいでいるんじゃないか。社会党が自衛隊を活用することに躊躇《ちゅうちょ》したから、こうなった」など、いろんな話が出始めて。あと、サミットに行ってお腹をこわした、なんてこともあった。

民主党政権もそうだったけど、野党が政権を握ると、外交・安保でつまずく。そこをもう少しうまくやれないと、政権が長続きしないんだよね。

早野　まぁ、村山は頑張ったたけど、一九九五年七月に行われた、村山政権の是非を問う参院選では、社会党の議席が激減した。このときはまたしても、小沢がつくった新進党が第二党に躍進したわけだ。

松田　同じ年のトピックとして、都知事選で青島幸男、大阪府知事選で横山ノックが当選している。自社さ政権の成立を境に、既存政党の〝何でもアリ〟的なやり方に、選挙民も愛想を尽かしたんだろう。無党派層が激増して、青島と横山が大量得票という結果になった。ちょっと「政治の遊び」みたいな感じで。

早野　政治の市民化とも言える。

松田　よく言えば、そうだね。大阪はともかく、東京で青島が当選したのは驚いた。自民党の候補は、官房副長官を務め、混迷する日本政治の中枢を担ってきたベテラン中のベテラン、石原信雄だったからね。今回の都知事選で小池百合子に負けた増田寛也より、はるかにキャリアのある人だよ。それがあっけなく負けちゃった。

青島自身、自分が当選するとは思ってなかったようだ。二人がテレビの討論会に出たときに、僕は横で聞いていたんだけど、青島の話は全部、「石原さんが都知事になったら」

という前提だったくらい。
　その青島の主張は「都市博の中止」、これだけ。シングルイシューで選挙を戦うハシリみたいなものだった。これが小泉の「郵政民営化選挙」や民主党の「政権交代選挙」につながっていったような気がする。

早野　さて、村山の後は橋本龍太郎、小渕恵三と続く。かつての田中派の流れを汲む経世会の復活だ。

松田　実は橋本に決まる前、村山は河野洋平に後を継がせようと、内々に話をしていた。でも、河野は「党に持ち帰って相談する」と。

早野　河野は村山内閣の副総理と外務大臣を兼務していた関係で、「後をやってくれ」となったんだろう。ただ、内閣が総辞職した後、自民党の総裁は橋本に替わっていたから、自分の一存で決められなかったんだと思うよ。

松田　村山の意思を盾にすれば、河野が総理になることもできなくはなかった、という説もある。

早野　まぁ、難しかったんじゃないかな。

「異端」の角栄、中曽根と「正統」の安倍

早野　宮澤政権の終わりごろから、「ＹＫＫ」――山崎拓・加藤紘一・小泉純一郎のトリ

オが注目され始めた。

松田　小沢が「政治改革」を旗印に「小選挙区制の導入により緊張感ある二大政党制をつくる」ことを主張したのに対して、ＹＫＫは中曽根が提唱した「首相公選制」を持ち出した。そのあたりから存在感が出てきた。

この「ＹＫＫ」は最初、山崎と加藤の二人でスタートした。両者とも官房副長官を経験したというところから、結託した。

ただ、バランスを考えると、清和会の人材が加わったほうがいい。「誰かいないか」と探して、「そうだ、小泉がいる」となった。

序列で言えば、ナンバーワンが加藤で、ツーが山崎。小泉は一番下っ端だった。山崎の著書『ＹＫＫ秘録』（講談社）には、三人で一席囲むと、酒をつくって注ぐのは小泉の役回りだったというようなことが書いてある。小泉は否定しているけどね。

早野　ところが、加藤も山崎も森喜朗内閣を打倒しようとした「加藤の乱」に失敗して、政治家生命を危うくするほどの大けがを負ってしまった。それで、その隙間から小泉がトップに躍り出たんだね。「加藤の乱」のおかげ、とも言える。

松田　山崎も同じ見解。「加藤の乱があったからこそ小泉政権は誕生できた」と言っている。

あのときは、二〇〇〇年一一月二〇日の衆院本会議に向けて、野党が「森内閣不信任案」を出そうとしていた。その動きを見て、加藤を中心とする一派が〝森おろし〟を画策した。しかも、加藤はそのことを、ホテルオークラの日本料理店「山里」で渡邊恒雄や早坂茂三らと会食したときに公言しちゃった。そこに元読売の記者で、三木の総理秘書を務めたこともある中村慶一郎がいて、彼は当時内閣官房参与だったから、あわてて官邸に報告した。そこから騒ぎが始まったんだよね。

早野　テレビやインターネットを通じて世論に訴える戦術をとって、注目を集めたことを覚えている。谷垣禎一が「あんたは大将だから」って、加藤を必死で止める場面もテレビで放映されて、すごく高い視聴率を記録したという。

松田　そうそう。加藤はインターネットでの自分への支持がうなぎ上りに増えていると思い込んだんだね。「声なき声の支持がある」と言って。でも、実際にはそうでもなくて、墓穴を掘ることになった。

これが致命傷になって、以後は目立った活躍もなく、この間亡くなったね。

早野　うん。自民党と加藤家の合同葬に参列したよ。松ちゃんに会わなかったけど。

松田　もちろん、参列したよ。

早野　山崎拓の弔辞、胸にしみたね。一部、引用すると、

〈「YKK」というネーミング自体が君の発案であり、今の政界には見られないような躍動感のある「YKK時代」というものがあったとすれば、それは、すべて君が書いた脚本を、君自身が演出したものであります。僕など脇役の一人としてひたすら追随しただけであります。若手政治家約九〇名を結集させた「グループ新世紀」の結成や、小選挙区制度

の導入反対など、YKKの連動による政治行動は、時の政治にダイナミズムを与え、いやが上にも国民の政治に関する興味と関心を惹起したことは間違いありません。まさに君の政治的レガシー（遺産）の一つであると思います〉——。

松田　赤坂で天ぷらそばを食べながら、山崎が「君は本当に、憲法九条改正に反対か？」と尋ねたというくだりもね。加藤は「九条が日本の平和を守っているんだ」と断言し、それが山崎に対する遺言になったという。

加藤があの乱の後、沈んでしまったように、自民党って長期政権の強さがあって、ああいう反乱をすると、なかなか再起できない。河野洋平にしても、離党して新自由クラブをつくったことがいまだに傷になっている。勇敢な行動だったのに、しつこく、「あんたは一回、造反したじゃないか」なんて言われた。

石破だって、いまだに「新進党の小沢にくっついていった奴」とか言われているし、「自民党員の正統性は、ずっと自民党にいること」みたいな風潮だ。

でも、戦後の動乱期は新党をつくることなど、ちっともおかしなことではなかった。長期政権のなかで、ほとんど離反する人がいなくなっている。

早野　そういうことを考えると、自民党という政党は何なんだって思うね。政党というより、地べたにくっついた体制というか。残念ながら、揺るがし難い根の生えた部分がある。

松田　日本の風土にマッチしていると言えばそう。

早野　自民党のなかにいると、理知的・理論的な批判をしたり、新しい行動を起こしたりするともう、日本という土着的体制からはずれてしまうような形になるね、残念ながら。

松田　考えてみれば、角栄も中曽根も、ある意味では自民党内の異端だったんだよ。主義や政治経歴を含めて、型破りな存在だった。一番オーソドックスなのは福田じゃあないか？

早野　確かに。角栄はしかし、鼻がきくから、わりと早い時期に吉田茂のもとに走って、いかにも角栄的な土着的な存在になっていった。

一方、中曽根は最後までそういうものに違和感を持ち、スタンドプレイのようなこともやった。それでも、あれだけの長期政権をつくれたのだから、そこは中曽根という政治家のすごさだと思う。

松田　異端から出てきているから、政治家としての幅が出る。安倍を見ていても、正統から正統を歩んでいる人は異端の経験がないだけに、幅がないなと感じるね。

余談だけど、首相になっても中曽根って、よく谷中の全生庵で坐禅を組んでたでしょ？

早野　ああ、何かのときにはこもっていたっけ。

松田　あそこに、安倍も通っている。今、息子が住職になっていて、子どものころに中曽根を仰ぎ見ていたこともあるんだろうけど、「中曽根さんも安倍さんも幹はしっかりしてるけど、根の張り方が違いますね」と言ってる。

早野　中曽根のほうが根の張り方がしっかりしてる？

松田　そう。うちの記者が聞いてきた。

早野　なかなか穿ったことを言う。もっとも、安倍もだんだん根が張ってきた感じはする。さすがに長期政権を維持している人物らしい貫禄は出てきた。

松田　ちょっと軽率なところはあるけどね。

角栄と中曽根を清算した〝テロリスト〟小泉

早野　「ＹＫＫ」から飛び出して、二〇〇一年四月に総理大臣になった小泉純一郎も、異端と言えなくもない。体制の守護者というより、反体制的体制をつくった「挑戦者」の色合いが濃い。後進の人の真似できないものがあった。

　政界を引退したいまも、「原発、反対！」とか、挑戦を続けているでしょ。

松田　経済政策の面では、自由主義的な市場経済主義者だから、「自助」が前提になっている。今の安倍につながる原型は小泉政権にあると思う。かつての田中系の人々には、あまり感じられないところだね。

早野　田中系はやっぱり一種の共同体論で、よく言えば「お互い助け合って生きていこうや、この日本国で」という「相互扶助」や「共生」が基本だった。それが政策として出てくると、福祉国家になる。

松田　今風に言えば「成長より分配」ね。

早野　いや、角栄はもちろん成長論者でもあったが、分配することを気遣った。ところが、小泉は「おう、みんな、智恵を出し、汗をかいて、自分で儲けろ。それぞれ頑張れ。それぞれ、いい人生を送れ」みたいな視点だ。

松田　基本的にはそうね。小泉って人はそれまでの自民党の政治家のなかにはいないタイプで、考え方や言動など、ちょっと想像がつかなかった。

たとえば小泉が総裁選に出たとき、盛んに街頭演説をやったのが一つ。それまでの総裁選は会社や地域、組合、支援団体などのどこかが党員の票をまとめてくるので、あんまり街頭演説はやらなかった。

早野　そう言えばそうだ。総裁選は自民党員のごくわずか、内輪でやるものだからね。街頭で演説したって、聴衆のなかに党員はごく少数しかいないから、あんまり意味がない。一種の「政治演劇」を見せたかったのか。

松田　逆に言えば、その演劇があるがゆえに、党員のほうが国民の動向を非常に注意して見なくてはいけなくなった。小泉はそこをいち早く見抜いていたんだと思う。

山崎拓なんて、小泉に「一緒にやろう」と言われて、新宿でやる街頭演説について行って、興奮して帰ってきたよ。真っ赤な顔して「すごい歓声で、まるで芸能人になったみたいだった」って。

早野　「ＹＫＫ」からところてんのように出てきた人でありながら、五年もの政権を維持できたのは、小泉のそういう部分に象徴される国民的な支持があってのことだったわけだ。

その小泉の主な業績は、郵政民営化と道路公団民営化。「事業活動に国は関わらない」

という基本思想に基づくものだった。

松田　しかし、改革の本丸とした郵政の波及効果はそれほどでもなかった。小泉は最初のころ、「財政投融資が一番の悪だ」と言っていた。財政投融資とはつまり、国の財政資金を民間を含めた事業体に貸し付けること。その多くを賄っているのが郵便貯金だから、これを民営化すると、財投資金がなくなって、田中派の牙城である道路をはじめとするあらゆる公共事業の財源をカットできる、と私は解釈していたが。

　小泉は福田赳夫の側近として動いていただけに、角栄に対する意識は非常に強い。郵政民営化選挙で造反して除名された議員は、ほとんどが角栄に近い人たちだった。

早野　そもそも角栄が自分の政治的地位を築いたのは、郵政と道路なんだよ。そこに金を注ぎ、同時に金を生み出した。人脈だって、道路につながる土建業者であり、郵政につながる特定郵便局だ。

　そう考えると、小泉は角栄に対する見事な〝テロリスト〟だったね。

松田　そういう意味では、田中政治はこの民営化でつぶれたし、その一方で中曽根は小泉に議員辞職に追い込まれた、という見方ができる。

早野　中曽根は小泉から「もう公認をはずす」と切られたからね。小泉はいわば「田中・中曽根の政治の最後の清算者」だ。

　でも中曽根さん、比例区で出たんじゃない？

松田　中選挙区当時の衆院群馬三区を福田康夫に渡す代償として、幹事長だった加藤らが

「北関東ブロックの終身比例第一位」という地位を与えてね。しかし、小泉はそれをつぶして、二〇〇三年の総選挙のときに「もう公認はしない」と引導を渡した。

早野　中曽根は相当、怒ってたでしょ？

松田　怒ってたよ。会見では「政治的テロだ」っていう言い方をしていた。『自省録』には、小泉のことをこんなふうに書いている。

〈彼の危うさ、「ポピュリズム」への傾斜がこの一件にはっきりと見えています。若い安倍晋三君を幹事長に据え、ほかにも若手を抜擢して、国民の支持率が上がってきたのを見て、もう一息だと考えて、「年寄りを引っ込ませよう」と、はずみで私への引退勧告を言って来た〉

早野　なるほど、ポピュリズムか。

松田　小泉政権を〈ショーウィンドー内閣〉とも表現していて、政策の実態よりもパフォーマンスがうまいんだとも言っている。

早野　中曽根自身がそうだったから、指摘がすごく的確だね。あと、こんなくだりもある。〈毎日夕方、官邸でテレビの質問を受け、簡単にイエス・ノーをはっきり答えて、すぐに引込んでしまうあの自信と気力で五〇パーセントの支持が続いています。毎日繰り返す力は大きいのです。今までの総理でやった人はありません〉――。

何か、小泉と中曽根は似てるんじゃない？

松田　国民からの支持をテコに政権を浮揚させる点では似てる。

早野　小泉は中曽根をよく学んだような気がするね。

松田　前に、「角栄はテレビを普及させてテレビの時代をつくり、中曽根はテレビを政治に活用した」という話をしたでしょ？　それを真似たのが、まず小泉だよ。今の安倍がまた、小泉と似たパフォーマンスをしている。

早野　中曽根はテレビを通して「熱」を伝えようとして、小泉はそっぽを向くようにふるまいながら、ワンフレーズで政策を表現した。テレビの利用の仕方としては、小泉のほうが一枚上手のような気がするね。

総理の「原型」としての角栄、中曽根

松田　小泉の長期政権の後は、最初の安倍晋三内閣、福田康夫内閣、麻生太郎内閣と、総理が一年ごとに交代する展開になった。

早野　小選挙区の導入で政権交代を起きやすくしたはずなのに、同じ自民党のなかで政権担当者だけが替わるなんていうことは、誰も期待していなかっただろう。

松田　自民党の歴史を振り返ると、長期政権の後に短期政権が続くことは結構ある。たとえば吉田茂の後に鳩山一郎、石橋湛山をはさんで岸信介につながるというような。派閥が明確だった時代は、それがあたかも政党が交代したような錯覚を与えて、飽きさせなかったとも言われている。

それにしても、一年交代が続くというのはちょっと……。

早野 政党と政党の間で交代していくべきだという国民の声というか、小選挙区制に対応した政治意識が、二〇〇九年の政権交代劇を起こしたんだろう。あのときは民主党が何と三〇八議席を獲得する勢い。いかに国民に不満がたまっていたかがわかる。

ところが、大きな期待を背負って誕生した民主党政権が、またもや鳩山由紀夫、菅直人、野田佳彦と、首相が一年交代になってしまうという。「政治改革」の一つの成果をあげたけれども、一人の総理で長期政権を築けなかった。これは、民主党政権をつくった政治家たちの力量不足ということかな。

松田 それと、不幸にして菅政権のとき、東日本大震災と福島原発の事故が起きてしまったこともある。自民党政権だったとしても、民主党と同じようにあたふたしただろうけど、菅の初動の悪さも手伝って、国民の間に「自民党なら、もっときちんと対応できるのではないか」といった思いが膨らんだ。

早野 おそらく災害が起きたときに、政権の良し悪しが一番問われる。戦争は自分で引き起こさなければ起きないが、災害ばかりは人の思惑とは関係なく襲ってくる。そういうときの力量が問われるわけだ。

松田 当時、民主党の官房副長官だった仙谷由人《せんごくよしと》が、人を介して二階俊博（現・自民党幹事長）のところに災害時の対応をどうすればいいか、智恵を借りに行ったそうだ。そのときに二階は、二つのことを言った。

一つは、「棺桶を用意しろ。遺体を段ボール箱で運んだら、遺族が怒り出す」ということ。もう一つは「建設機材のリース会社団体をともかく東北に行かせろ。しかし、今ここで儲けようなどと思わせてはいけない。仕事はこの先も続くんだから、法外な儲けを企まずに着実にやらせろ」ということだった。

早野　いかにも保守の智恵だね。

松田　棺桶というのは、なかなか思いつかない。

早野　しかし、現実にはそういうことなんだろうな。そこへいくと民主党は、宙に浮いたような政治意識があったでしょ？　やむを得ないこととはいえ、政治の上部構造のところで政権をつくってしまったために、理屈や観念が先行し、下手すると小理屈ばかりこねることになった。

松田　民主党って、とくに新人議員は実際に取材してみると、一人ひとりの能力は高いと感じた。世襲の人は別にして、むしろ自民党より上かもしれないと。ただ、せっかくの能力が育たない。

早野　優秀というか、勉強ができるというか、そういう人は民主党からたくさん出てきた。官僚出身でね。

松田　そう、その意味では今まで自民党の人が〝知的な層〟を独占していたところに、民主党が割り込んできた感じだ。

ただ、優秀な人が続かない。通産官僚から政治家になって、今は慶應の教授をやっている松井孝治みたいに、みんな、能力があるから転職がきく。

早野 松井は本当に優秀な男で、しかも多趣味でね。「落語を聞く会」とか「映画を観る会」といったものもつくって、僕は両方とも参加していた。「落語の会」は今も続いているね。

鈴木寛もそうだ。通産官僚出身で、文科副大臣もやって、議員としてもたくさん立法に関与して、けっこう活躍していたのに、今は東大大学院とか慶應で教授をやっている。

松田 役所で優秀な人間が民主党の議員になっても、〝地アタマ〟はいいんだけど、実践がともなわない感じだね。

あと、歯を食いしばって、地べたを這いずり回るような、角栄的選挙戦を目指す人、もしくはそれを指導する人が少ない。

早野 まったく、その通り。

松田 繰り返しになるけど、菅直人と野田佳彦が中曽根を高く評価しているのは面白い。民主党の人間が中曽根というのは。

早野 それはわかる気がする。民主党は三年間、政治権力というものに取り組んでみて、それを守りながら、歴史のなかでプラスにしていくことが並大抵ではないとわかったんじゃないかと思う。

中曽根の五年間とか小泉の五年間というのが、どれほどの努力のうえに積み上げられたものか、力量差みたいなものも感じただろう。

民主党がそこを認識し、真髄から組み立て直して次の政権を取ったときに、本領の政権になりうるのではないだろうか。

松田　そうならないと、政権交代可能な緊張ある政治状況の出現とはならないよね。ちなみに、民主党の細野は角栄を信奉している。角栄と中曽根というのは、一つの総理の原型なのかもしれない。

早野　なるほど。今後の指導者には、田中と中曽根がドロドロした葛藤のなかでつかみ取った政治本来の在り方を、さらに超えていくことを期待したいね。

松田　本当にそうなってほしいよ。

分配から分担へ――新しい「公共」

松田　民主党政権時代には、自民党にはなかった発想があったことは確か。たとえば今、話に出た松井孝治が提唱している「新しい公共」という概念も、これからもっと見直されていかなくてはいけないと思う。

松井だけではなく、自民党の加藤紘一も「学校単位で地域コミュニティを再生していこう」ということを盛んに言っていた。どの党であろうと、政治はそれを当然の課題として受け止めなくてはね。

早野　かつての社会主義とか共産主義が言っていた、観念論的で大げさな「公共」ではなく、もっと地についた助け合い社会をつくるということね。

松田　そう。高齢化社会が進展するなかで、「自助」「公助」に加えて、地域コミュニティで人々が互いに支え合っていく「共助」が必要になってくる。

早野　「公助」は国をはじめとする行政機関が中心になって社会をつくり、サポートしていくこと。「共助」は地域の人々の間で協力関係を構築していく、ということだ。

さっき触れた松井の「落語の会」にも、実は「共助」の発想がある。落語を通して、いろんな人がつながっていくことを一つの目的にしていたね。

松田　そこが今、自民党に問われるところ。これからも小泉以来の「自助」を踏襲して、「少しだけ『公助』をつけるから、自分で何とかしろ」という路線でいくと、ますます格差が広がっていく。

早野　現実に安倍政権の下で、非正規雇用が半分近くも占めてしまう社会になっている。少子高齢化と人口減が進むなかで、二一〇〇年頃に日本という国の形はどうなってしまうのか、心配が尽きない。それに政治がどう取り組んでいくのか、安倍政権はその道筋をしっかり示していかなくてはいけない。

松田　もう一つ、中国の台頭という大きな問題がある。すでに中国はＧＮＰが日本を上回って世界第二位になっている。

早野　この間のリオのパラリンピックでは、中国がトータルで金メダルを一〇〇個以上取ったでしょう？　日本もメダルラッシュで頑張ってるなと思ったけど、金メダルはゼロだった。そこに、中国の国力——人口が多いというだけではない、中国の政権がつくりあげた国力を感じた。

松田　経済力が増せば、民度も増す。もう「中国は共産党政権だから」なんて認識ではいられない。

実際、中国人の爆買いで一時的に日本経済は潤ったわけだし、日中関係をきちんと見直していかなくてはいけない時代でもあるね。

早野　戦後七〇年、日本は「成長拡大の時代」にあった。そこに田中とか中曽根、小泉などの政治家たちが蠢《うごめ》き、成長のための智恵を絞ってきたわけだが、これからはひとまず成長はちょっと棚上げにして、互いに助け合う温かな共同体をつくっていかないといけないのかもしれない。

松田　角栄が典型的だけど、中曽根、小泉まで含めて「分配の政治」だったよね。今後は「分担の政治」に変わる必要があると思う。つまり、「新しい公共」という視点から地域のコミュニティ力を強めていくということだ。

そのためには、お金だけではなく労働や文化も含めて、自分たちの持てるものを互いに出し合って分担することがポイントになる。

たとえばボランティア。阪神・淡路大震災、東日本大震災と大災害が続いて、そのプラスの遺産として、ボランティアが当たり前になってきたことがある。

僕は「水害サミット」という活動に参加していて、ここでは大きな水害を体験した全国の市区町村長が集まって、災害時の経験や教訓を語り合い、発信している。なかでも大きなテーマの一つが、ボランティアの力をいかにうまく活用するか。

受け入れ態勢が整っていないためにボランティアを生かし切れていないところがあるので、彼らに存分に活動して、満足して帰ってもらえるようなシステムを事前に用意しておくことが大切になってくる。

そういったことも「新しい公共」につながると考えている。

早野　それは、民主党政権で生まれた新しい思想と言えそうだね。確かに、戦後の復興からある程度落ち着いた成熟社会になった日本は、これからはボランティア社会になっていくべきなんだろう。

松田　そういう社会をどう政治家が育てていくか、そこが大きな問題になると思う。自民党も民主党も、政治家自身が官僚システムに依存せずに、頭をチェンジしていかないとね。

その走りというか、都知事に小池百合子という人が出てきたのは、いいカンフル剤になると思う。目下、築地市場の豊洲移転とオリンピックの問題に斬り込んでいるけど、遡れば石原都知事の時代に端を発しているわけでしょ。責任を追及されても「間もなく八四歳になる年齢の影響もあって、記憶が薄れたり勘違いしたりすることも考えられる」なんて無責任だし、そもそも「大年増の厚化粧」と攻撃した小池に〝全面降伏〟するんだから情けない。

早野　中曽根の発言を引くまでもなく、はじめから政治家としても終わっていた、と。

松田　それにしても小池のおかげで、自治体のなかでも最も充実していると誰もが信じていた東京都の官僚組織でさえ腐敗し切っていたことが白日の下にさらされた。

早野　一言で言えば、無責任体制だね。官僚として最低限果たすべき責任を果たしていなかったわけだから。そのことに、周りにいる議員も気づかないし、メディアも気づかない。

支配機構があそこまで腐っていて、一方で民衆のほうは次の新しい時代、迫りくるボランティア社会みたいなものへの心の準備ができている。その乖離《かいり》を政治家が直視し、どういうふうに新しい政治をつくっていかなければならないか。図らずも小池が、大きな課題が目の前にあることを示してくれたような気がするね。

松田　統治機構のなかでの組織の腐敗といえば、これまではだいたい不祥事だった。政治家の金権に絡むとか、女性スキャンダル、公費の濫用などなど。でも、今回はもっと肝心なところ、本来やるべき仕事ができていないということだから、ショック度は大きい。

もう野党も責めるだけでは済まなくて、腐敗した官僚機構をどう変えていくかに斬り込んで提案していくことが求められる。民進党の蓮舫《れんほう》は「提案型」という言い方をしていたが、それがどこまでできるのか注目したい。

その意味では、今ほど「政権交代可能な二大政党制」が求められる時代はないとも思う。

早野　今回、角栄と中曽根を中心に対談を進めてきたが、今の時代に彼らのことを思い起こす価値は、彼ら戦後の政治家たちが「民衆の期待に全力で応えていこう」という責任感を持っていた、ということじゃないだろうか。

今の政治家、ひいては役人たちにはそのへんが欠落していると言わざるをえない。

松田 今、自民党のなかに「小池百合子が新党をつくるんじゃないか」という警戒心が強くあるけど、それも小池が民衆の期待に応えることを力にしている怖さみたいなものが肌感覚でわかっているからだと思う。

早野さんが言うように、角栄・中曽根の時代と現代とは大きく様変わりしていても、国のリーダーが民衆の期待に応えることを第一義とする点では、何も変わりはない、ということだね。

その原点に立ち返れば、弱体化した戦後保守も再生が可能になるんじゃないだろうか。

早野 そう願いたいところだ。この対話を通じ、少しでもその道筋を提示できたなら本望だけれど。

あとがき

政治の劣化が指摘されている。日本だけでなく、世界各国共通している現象でもある。冷戦の終焉、その後台頭した米国一国主義が早々に限界を露呈するなど、世界の潮流は分裂のベクトルで動いている。新たな格差問題も深刻さを増すばかりで、解答は依然出ていない。日本でも例外ではない。ならば、政治リーダーがリーダーらしく振舞った時代を検証し、現代を解くカギを見出そうと、早野さんと合意、本書の作成に着手した。

田中角栄氏と中曽根康弘氏は同時代を生きながらも、極めて対照的な政治家人生を送った。田中氏は総理になるまでの政治家人生が、極めて輝いた。一方、中曽根氏は総理に就任以前は異端視されていたが、就任後は打って変わって、「堂々たる宰相」として振舞い、その座を去った。この二人を軸に戦後政治を総括するのが狙いだった。われわれ二人は「田中番」「中曽根番」記者として、生身の二人に食い込めるよう互いに励ました。その時に聞いた本音に近い肉声を随所に盛り込み、「政治史概論」に終わらぬよう努めたつもりだ。

同時代を生きた二人の政治発想の根底には、「戦争体験」が投影されていた。互いに兵役を体験、死と隣り合わせの青年期を過ごしたことに由来する。

その一方で、本書では二人の負の側面も描いたつもりだ。どんなに親しくなっても、我々のような第三者に政治家が決して語らないのは、票田の実態と政治資金の流れであることを取材経験から悟った。何れも自らの政治生命を左右しかねない極秘案件だ。「甘い」とおしかりを受けるかもしれないが、長い時間の中で、稀に関係者が口にした婉曲な物言いから推測した結論もベースに組み込んだつもりだ。

中曽根氏が常々口にしていることだが、政治家は「歴史法廷の被告」だ。それだけに、年月を経ることなく軽々に価値判断を下すことにはためらいを感じるが、田中、中曽根両氏ともに大きな政治家だ。「金権政治批判」に、ロッキード事件での有罪判決で政治生命を断たれた田中氏の政治家人生が、改めて脚光を浴びた「角栄ブーム」は、「歴史法廷」だからこそ可能だったといえる。

古希を迎えた我々二人が自らの政治記者人生を総括できる機会を与えられたのは、『サンデー毎日』で「今こそ、『角サン』がいたら…」のインタビューと拙文を担当した編集部の菊地香君と、書籍編集者の向井徹君から、単行本で上梓するよう勧められたのが契機だった。「角サン」を熟知し過ぎるほど熟知している早野さんに相談、こうした形で収めることにした。

だが、半世紀も前の出来事をクリアーに再現することは難しく、二人の会話は放談会調になってしまった。それをコンパクトにかつ華麗にまとめてくれたのが、ライターの千葉潤子さんだった。各種資料の提供を願ったのは、殿地昌己さん、井出康子さんら中曽根事務所のスタッフだった。こうした厚情を賜ったことに、感謝するばかりだ。中曽根氏の〈長旅も卒寿も新茶も夢の中〉にオマージュを捧げ、今の心境を句に託せば、〈長旅も古希も新酒も夢の中〉か。

二〇一六年一〇月三一日　　松田喬和

本文では政治関係者については敬称略にさせていただきました。

角栄と中曽根を間近に
見続けた元番記者。
早野透(右)と松田喬和

	田中角栄	中曽根康弘
1918（大正7）	5月4日　新潟県刈羽郡二田村に生まれる	5月27日　群馬県高崎市に生まれる
1925（大正14）	4月　二田尋常高等小学校に入学	
1926（大正14）		4月　高崎北尋常小学校に入学
1931（昭和6）		4月　旧制高崎中学に入学
1933（昭和8）	3月　二田尋常高等小学校高等科を卒業。進学を断念し、村の救農土木工事で働く	
1934（昭和9）	3月　理研コンツェルン創始者、大河内正敏子爵を頼り、上京。土建会社、井上工業支店に住み込みで働きながら、夜は私立中央工学校土木科に通学	
1935（昭和10）		4月　旧制静岡高校に入学
1937（昭和12）	3月　共栄建築事務所を設立	
1938（昭和13）	4月　徴兵検査で甲種合格	4月　東京帝大法学部政治学科に入学

1939(昭和14)	3月 盛岡騎兵第3旅団第24連隊第1中隊に入隊し、北満州へ	3月 母・ゆくが死去
1940(昭和15)	11月 クルップス肺炎で野戦病院へ、内地送還	10月 内務省に内定 12月 海軍経理学校に合格
1941(昭和16)	10月 除隊し、東京に田中建築事務所を開設	3月 東京帝大卒業 4月 内務省入省。海軍経理学校に入校、海軍主計中尉に 12月 太平洋戦争開戦とともにボルネオやフィリピンで飛行場の設営を指揮、台湾では軍港や飛行場の建設に当たる。その後、海軍省軍務局に勤務
1942(昭和17)	3月 坂本はなと結婚、長男・正法が生まれる	
1943(昭和18)	12月 田中土建工業株式会社を設立、社長に	
1944(昭和19)	1月 長女・眞紀子が生まれる	
1945(昭和20)	8月 理研工場の移設工事のため渡った朝鮮にて、終戦を迎える。釜山から青森を経て東京へ	2月 小林蔦子と結婚。弟・良介が戦死 6月 海軍省運輸部配属となり、香川県高松市に常駐 9月 海軍主計少佐で海軍を退役 10月 内務省に復帰し、官房調査部で占領軍と

		の連絡官を務める 11月 長男・弘文が生まれる
1946(昭和21)	4月 第22回総選挙、進歩党新潟2区で立候補するも11位で落選	1月 青年懇話会を発足 2月 香川県警警務課長に 9月 警視庁監察官、12月に退職
1947(昭和22)	4月 現憲法下初の第23回総選挙、民主党新潟3区から立候補し、3位で当選 9月 長男・正法が死去	4月 民主党群馬3区から初出馬し、トップ当選 6月 民主党院内総務・政調会理事に
1948(昭和23)	10月 吉田茂内閣で法務政務次官に 12月 炭鉱国家管理法をめぐり、業者から100万円受け取った容疑で逮捕	
1949(昭和24)	1月 第24回総選挙で獄中立候補、2位で当選	2月 吉田茂内閣で民主党総務・政調会副会長に
1950(昭和25)	4月 炭鉱国管汚職事件、1審で有罪	6月 スイスで道徳復興運動(MRA)世界大会に出席。欧米諸国を訪問
1951(昭和26)	6月 炭鉱国管汚職事件、2審で無罪	1月 マッカーサーに建白書を提出
1952(昭和27)	10月 第25回総選挙で初のトップ当選	2月 国民民主党を母体とする改進党を結成。同党中央常任委員に 10月 福田赳夫が同じ群馬3区から当選、「上州戦争」と呼ばれる

1953（昭和28）	4月　後援会の越山会第1号が発足	7月　米ハーバード大夏期国際問題セミナーに参加
1954（昭和29）	5月　自由党副幹事長に	1月　衆院予算委員会で造船疑獄事件を追及 11月　改進党、自由党鳩山派、日本自由党などが合同して、鳩山一郎を総裁とする日本民主党を結成。同党組織局長に
1955（昭和30）	11月　自由民主党結党に加わる	3月　鳩山内閣で日本民主党副幹事長に 8月　スイスの原子力平和利用国際会議に出席。欧米各国を視察 9月　『自主憲法の基本的性格——憲法擁護論の誤りを衝く』を刊行 11月　自由民主党副幹事長に
1956（昭和31）		4月　「憲法改正の歌」を発表 11月　衆院本会議で日ソ共同宣言批准賛成の自民党として代表演説に立ち、反ソ演説。演説が議事録から削除される
1957（昭和32）	7月　岸信介内閣で初入閣。郵政相に	5月　自民党副幹事長、内閣の憲法調査会委員に
1959（昭和34）	9月　自民党副幹事長に	6月　岸信介内閣で科学技術庁長官として初入閣。諮問機関として宇宙科学技術振興準備委員会を設置

1961（昭和36）	7月　自民党政調会長に	1月　ケネディ米大統領の就任式に出席
1962（昭和37）	7月　池田勇人内閣で蔵相に	11月　南極を視察
1964（昭和39）	11月　佐藤栄作内閣で蔵相に留任。父・角次が死去	
1965（昭和40）	6月　自民党幹事長に	2月　自民党外交調査会副会長に 3月　自民党外交調査会アジア・アフリカ小委員会委員長に 7月　河野一郎死去で河野派が分裂。長老の中村梅吉と野田武夫は中曽根支持
1966（昭和41）	12月　虎ノ門国有地払い下げ問題で、新潟４区選出の田中彰治議員が逮捕された一連の黒い霧事件の責任を取り、幹事長を辞任。無役になる	12月　新政同志会（中曽根派）結成
1967（昭和42）	3月　自民党都市政策調査会長に	9月　拓殖大総長に 11月　佐藤栄作内閣で運輸相に
1968（昭和43）	11月　自民党幹事長に復帰	
1969（昭和44）		6月　父・松五郎が死去

1970（昭和45）			1月	防衛庁長官に
			10月	現役の防衛庁長官として初めて沖縄を訪問。初の「防衛白書」を発表
1971（昭和46）	6月	通算5期務めた自民党幹事長を辞任	7月	自民党総務会長に
	7月	通産相に		
	10月	日米繊維交渉を決着させる		
1972（昭和47）	1月	日米首脳会談に同行		
	5月	佐藤派田中系議員が集結し、次期総裁候補に田中角栄擁立を決める。事実上の田中派を結成		
	6月	『日本列島改造論』を刊行		
	7月	第64代内閣総理大臣に	7月	自民党総裁選で田中角栄を支持し、田中角栄内閣成立。通産相、科学技術庁長官に
	8月	ニクソン米大統領とハワイで日米首脳会談		
	9月	日中国交正常化を果たす		
	12月	第33回総選挙で、自民党が後退		
1973（昭和48）	5月	内閣支持率が発足当時の60％台から20％台に急落	1月	訪中し、周恩来首相と会談
	9月	ヨーロッパ各国を訪問し、資源外交を展開	4月	通産相として中東諸国などを歴訪
	10月	ソ連でブレジネフ書記長と会談し、日ソ共同声明を発表		
		第4次中東戦争勃発、石油危機に対応		
	11月	来日したキッシンジャー米国務長官と会談	11月	来日したキッシンジャー米国務長官と会談
		福田赳夫を蔵相に起用		

1974（昭和49）	1月　東南アジア訪問、ジャカルタで反日暴動に遭う	12月　三木武夫内閣で自民党幹事長に
	6月　国土庁発足	
	7月　第10回参院選で自民党が大敗し、保革伯仲へ。三木武夫副総理、福田蔵相、保利茂行管庁長官が辞任	
	10月　『文藝春秋』に立花隆「田中角栄研究——その金脈と人脈」、児玉隆也「淋しき越山会の女王」が掲載される	
	11月　フォード米大統領来日後に首相辞意表明	
	12月　椎名裁定で後継首相に三木武夫が指名される。田中内閣総辞職で、三木内閣が発足	
1976（昭和51）	2月　米議会でロッキード事件が発覚	2月　ロッキード事件発覚で米大使館と接触
	7月　外為法違反容疑で秘書の榎本敏夫とともに逮捕。自民党離党。8月に同違反と受託収賄罪で起訴されるが、保釈	
	12月　第34回総選挙で当選。福田赳夫内閣スタート	
1977（昭和52）	1月　ロッキード裁判丸紅ルート初公判	11月　福田赳夫内閣で自民党総務会長に
	7月　田中派74人と、旗揚げ以来最低の人数に	
1978（昭和53）	4月　母・フメが死去。	11月　自民党総裁予備選で3位
	10月　鄧小平中国副首相が私邸を訪れる	
	11月　支援した大平正芳幹事長が自民党総裁予	

		備選で圧勝。福田首相が本選挙の出馬を辞退		
	12月	大平内閣発足。「角影内閣」と呼ばれる		
1979（昭和54）	10月	第35回総選挙で自民党が敗北するも、トップ当選。「40日抗争」へ	11月	衆院の首班指名で福田に投票
1980（昭和55）	5月	大平内閣不信任案可決。自民党反主流派69人が欠席したため、衆院解散	5月	大平内閣不信任案に反対票を投じる
	6月	大平首相が死去。初の衆参同日選で自民党圧勝		
	7月	鈴木善幸内閣発足	7月	鈴木善幸内閣で行管庁長官に
	10月	田中派を「木曜クラブ」と改名。会長は二階堂進		
1981（昭和56）	1月	呼吸困難のため自宅で倒れ、救急車を呼ぶ	3月	第2次臨時行政調査会を設置
	12月	田中派は108人に		
1982（昭和57）	10月	鈴木首相が退陣表明。自民党総裁選で、中曽根康弘を支援	11月	自民党総裁予備選に圧勝。第71代内閣総理大臣に。第1次中曽根康弘内閣発足。官房長官に後藤田正晴
	11月	上越新幹線開業		
	12月	ロッキード裁判丸紅ルート公判。裁判所が田中被告の被告人質問を行い、事実審理終了		
1983（昭和58）	1月	ロッキード裁判丸紅ルート検察論告求刑	1月	訪韓し、全斗煥大統領と会談、40億ドルの

	で懲役5年、追徴金5億円	対韓経済協力に合意。訪米し、レーガン大統領と初の首脳会談を行い、「ロン・ヤス」関係に。施政方針演説で「戦後政治の総決算」の考えを示す
	10月 ロッキード裁判丸紅ルート判決。懲役4年、追徴金5億円の有罪判決に控訴。中曽根と会談	5月 米ウィリアムズバーグ・サミットに出席
	12月 第37回総選挙。22万761票を獲得し、トップ当選	10月 田中角栄の実刑判決を受け、田中と会談、辞職勧告をする
		11月 レーガン米大統領夫妻来日、日の出山荘会談。来日した胡耀邦総書記と会談
		12月 衆院選で過半数割れの大敗を喫し、田中角栄の影響力を排除する総裁声明。自民、新自由クラブと統一会派を結成し、第2次中曽根内閣成立
1984（昭和59）	10月 自民党総裁選で、田中派会長の二階堂進副総裁の擁立工作が発覚	
	11月 田中派は122人に	11月 自民党総裁に再選
1985（昭和60）	2月 竹下登蔵相を中心に「創政会」発足。脳梗塞で倒れ、入院	1月 日米首脳会談でレーガンと通商問題を協議
		4月 日本たばこ、NTTが発足。1人100ドルの外国製品購入をテレビで呼びかける
		8月 靖国神社を公式参拝（翌年以降は参拝見送り）
1986（昭和61）	7月 衆参同日選。17万票以上を獲得し、トップ当選	7月 衆参同日選で自民が304議席の圧勝。第3次中曽根内閣成立

		8月 新自由クラブが自民党に復党 9月 藤尾正行文部大臣を罷免。自民党が中曽根総裁の任期を1年延長 11月 国鉄改革関連8法が成立
1987（昭和62）	7月 竹下派の「経世会」が発足。田中派の大半が移行。 ロッキード裁判丸紅ルート控訴審判決。東京高裁は1審判決を支持し、控訴棄却。田中に懲役4年、追徴金5億円。直ちに上告 11月 竹下登が首相に	4月 JR発足。半導体をめぐり、レーガン政権が戦後初の対日制裁措置を発動。訪米してレーガンと会談 5月 売上税法廃案 10月 竹下登自民党幹事長を後継総裁に指名（中曽根裁定）。翌月、竹下登内閣成立。首相退任
1988（昭和63）		6月 シンクタンク財団法人世界平和研究所設立
1989（平成元）	10月 政界引退を表明 11月 越山会が後継擁立断念	5月 リクルート事件で国会証人喚問。自民党を離党
1990（平成2）	1月 政界引退	11月 イラクがクウェートに侵攻し、湾岸危機が発生したためイラクを訪問し、フセイン大統領と会談。邦人の人質を解放
1991（平成3）		4月 自民党に復党
1992（平成4）	4月 中国の江沢民総書記の訪問を受ける	9月 訪中し、江沢民総書記と会談

1993（平成5）	8月　日中国交回復20周年で訪中 7月　第40回総選挙、新潟3区で長女の眞紀子が当選。新潟に御礼行脚 8月　非自民8党派の細川護熙内閣が発足 12月　甲状腺機能障害に肺炎を併発し75歳で死去	
1994（平成6）		6月　村山富市内閣の成立に際し、海部俊樹に投票
1995（平成7）	2月　最高裁が榎本敏夫らに対する判決で、田中への5億円収賄を認定	
1997（平成9）		2月　国会議員在職50年表彰 5月　大勲位菊花大授章を授かる 9月　橋本龍太郎内閣の改造で、佐藤孝行を総務庁長官として入閣させる
2003（平成15）		10月　総選挙の自民党公認を得られず、衆院議員を引退
2004（平成16）		1月　APPF（アジア太平洋議員フォーラム）総会にて全会一致で創設者として名誉会長に就任 6月　『自省録　歴史法廷の被告として』を刊行

し、小泉純一郎首相を批判

2005（平成17） 1月 会長を務める世界平和研究所が憲法改正試案発表6月 世界平和研究所が中曽根賞を創設

2006（平成18） 5月 誕生日祝会（米寿祝会）を、東京・赤坂プリンスホテルで開く

2009（平成21） 12月 砂防会館中曽根事務所を閉じ、虎ノ門へ移転

2016（平成28） 5月 98歳になる

年譜の参考文献・資料

早野透『田中角栄　戦後日本の悲しき自画像』（中公新書）
岩見隆夫『田中角栄 政治の天才』（学陽書房）
世界平和研究所「戦後政治史と中曽根氏の軌跡」
服部龍二『中曽根康弘『大統領的首相』の軌跡』（中公新書）

早野 透（はやの・とおる）

一九四五（昭和二〇）年神奈川県生まれ。六八年、東大法学部卒業後、朝日新聞社に入社。新潟支局などを経て、政治部次長や編集委員を歴任。退職後、桜美林大教授を務める。主な著書に『田中角栄と「戦後」の精神』（朝日文庫）、『政治家の本棚』（朝日新聞出版）、『田中角栄――戦後日本の悲しき自画像』（中公新書）、『丸山眞男と田中角栄――「戦後民主主義」の逆襲』（佐高信との共著、集英社新書）など。

松田喬和（まつだ・たかかず）

一九四五（昭和二〇）年群馬県生まれ。六九年、早稲田大第一文学部卒業後、毎日新聞社に入社。福島支局などを経て政治部副部長、専門編集委員などを歴任。現在は特別顧問。BS11報道局顧問。共著に『中曽根内閣史』（世界平和研究所）、『現代日本政党史録』（第一法規）。『サンデー毎日』で連載した中曽根康弘と著名人との対談では立会人を務め、『青山常運歩 中曽根康弘対談集』（毎日新聞出版）にまとめられた。

田中角栄と中曽根康弘

戦後保守が裁く安倍政治

二〇一六年一一月二五日 印刷
二〇一六年一二月一〇日 発行

著者 早野《はやの》 透《とおる》／松田《まつだ》喬和《たかかず》
発行人 黒川昭良
発行所 毎日新聞出版
〒一〇二-〇〇七四 東京都千代田区九段南一-六-一七 千代田会館五階
電話 営業本部〇三-六二六五-六九四一
図書第一編集部〇三-六二六五-六七四五
印刷 精文堂
製本 大口製本

ISBN978-4-620-32397-8